COMUNICAZIONE ASSERTIVA

2 libri in 1:

Una strategia vincente per comunicare in modo efficace, migliorando le tue abilità sociali per esprimersi senza timori

Roberto Moretti

Indice

LIBRO 2: COMUNICAZIONE PERSUASIVA

COMUNICAZIONE ASSERTIVA

Una strategia vincente per comunicare in modo efficace, migliorando le tue abilità sociali per gestire paura, timidezza e ansia

INTRODUZIONE

Cosa si comunica?

Poco dopo aver sostenuto la discussione finale per laurearmi, trovai un annuncio per un lavoro inerente (almeno in parte) i miei studi. Nella sala d'attesa dell'ufficio dove avrei sostenuto il colloquio, notai un pannello che diceva così:

"Il 55% della comunicazione è non verbale (postura, scelta dell'abbigliamento, gestualità, espressioni facciali);

il 38% è para-verbale (intonazione, volume della voce, modo di scandire le parole, velocità con cui si parla);

Solo il 7% della comunicazione è composto di parole."

Trovai singolare la scelta di un simile elemento d'arredo ma, per la prima volta, riflettei seriamente su come mi ponevo agli altri. Quanto di ciò che dicevo arrivava realmente a chi mi stava davanti?

Col tempo, studiando diverse discipline, ho capito che c'è una grande distanza tra la parola e il significato attribuitole. Siamo abituati a pensare ai termini che usiamo centinaia di volte ogni giorno come se fossero parole scritte, univoche e ben chiare nella nostra testa, mentre in realtà ciascuna di queste offre diverse interpretazioni in base al contesto, alle altre parole che vi affianchiamo per generare frasi, alla gestualità, al tono e a molti altri elementi che analizzeremo più avanti.

In un libro troveremo parole scritte, a cui la maggior parte delle persone attribuiranno lo stesso significato e a cui assoceranno emozioni ben precise.

Il divario di cui parlavo sopra, quello tra parola scritta e parola enunciata, è un esempio calzante e molto importante di come nella nostra mente alcune frasi suonino in modo assolutamente neutro, ben mirato come in un testo stampato nero su bianco, per poi avere una miriade di declinazioni anche in totale contrasto con il nostro intento. Possibile che le persone siano così propense all'equivoco? Secondo me, no.

Ti propongo un piccolo esperimento di riscaldamento.

Prova a pensare ad un complimento, un'affermazione positiva, un enunciato leggero ma con buoni propositi. Prova a immaginare tale frase pronunciata da un tuo caro amico, poi da una persona con cui non vai d'accordo. Le stesse identiche parole, che non sono state neanche realmente nella bocca di queste persone, ti daranno reazioni diverse.

Questa reazione è già parte integrante del problema che stiamo affrontando. Non si può essere assertivi (ed efficaci) se sono le emozioni a dominare le nostre reazioni e le nostre parole, e non viceversa. La comunicazione, infatti, è un fatto emotivo, così come lo sono la vendita di un prodotto per un manager o la scrittura di un testo per un romanziere.

Cos'è la comunicazione

La comunicazione è universalmente riconosciuta come lo scambio comunicativo (a senso unico o reciproco) composto da una fonte primaria, il produttore di un messaggio, la quale elabora e trasmette il suddetto messaggio attraverso un canale, e un ricevitore che ne deve carpire il contenuto. Il ricevitore diventa a sua volta produttore quando elabora e trasmette una risposta. La comprensione del messaggio è influenzata dall'ambiente, dal contesto e da possibili elementi pregiudizievoli del ricevitore verso il produttore del messaggio, e ci possono essere interferenze indipendenti dalla volontà dei due che possono modificare la comprensione del messaggio.

Detta in maniera così schematica, sembra semplice prevenire i fraintendimenti e dare solo messaggi diretti e chiari. E invece non è quasi mai possibile produrre un messaggio la cui interpretazione sia univoca per tutti.

A volte il canale usato non è il migliore, a volte fattori ambientali e culturali possono essere terreno fertile per risposte che esulino dallo scopo originario della comunicazione, a volte siamo noi a esprimerci in modo frettoloso e a volte ci sono "interferenze psicologiche" che distraggono dal contenuto ponendo l'attenzione su elementi che riteniamo secondari ma che assumono un nuovo ordine di importanza per la persona con cui parliamo. Se hai preso questo testo è perché, probabilmente, hai sentito parlare di comunicazione assertiva: ebbene, lo scopo di questo tipo di comunicazione è proprio quello di andare oltre le interferenze e le possibili distorsioni del messaggio, in modo che quello che trasmettiamo sia recepito nel modo più chiaro e positivo possibile.

La comunicazione assertiva

Una persona che usa la **comunicazione passiva** tende a non dare la propria versione dei fatti ma quella della persona con cui ha paura di non andare d'accordo o di cui ha bisogno dell'approvazione; il suo ruolo nel gruppo è quello del paciere, non sopporta le discussioni e per amor di pace accetta tutte le decisioni altrui.

Chi invece usa la **comunicazione aggressiva** è convinto di avere ragione a prescindere, il suo ego parla per lui senza badare alle conseguenze. Non è per forza una persona "aggressiva" nel senso fisico o violento del termine, ma preferisce di gran lunga il proprio punto di vista anche quando non è competente in una materia. La perdita di orgoglio è un suo problema molto sentito e preferisce avere torto, ma difendere la propria posizione piuttosto che cambiarla e fare la cosa giusta.

Vista in questa maniera, la conversazione è ridotta a istinti primordiali che riducono ogni possibile situazione di confronto alla ragione del più testardo e alla diplomazia del più debole. In più, lo stesso soggetto può essere incline a una comunicazione passiva in certe discussioni, per poi diventare aggressivo in altre.

L'essere umano è capace di trovare maniere più fini e intelligenti di porsi, di non ridursi a oscillare tra questi due poli opposti e complementari, e invitare l'interlocutore a mettersi ragionevolmente in una posizione di **equità**. Ognuno ha diritto ad esprimersi purché ciò non leda il prossimo. Se il mio "diritto di espressione" prevede che altri ne vengano privati, non è un diritto quello che sto chiedendo, ma un privilegio. Piuttosto, la comunicazione assertiva si orienta verso un atteggiamento per cui non esistono opinioni, espressioni e soggetti dialoganti forti o deboli, quanto piuttosto sono da tenere in conto le **comunicazioni corrette**. Liberandosi dal pregiudizio, chiunque può osservare con intelligenza un'affermazione ed elaborare la giusta risposta a tono, dando importanza sia al contenuto espresso che al **rispetto** mostrato dai partecipanti alla discussione. Non è una mera questione di educazione: se qualcuno usa la comunicazione per influenzarci negativamente, sia in modo passivo attraverso la manipolazione che in modo attivo con aggressività, bisogna difendere i propri diritti e quelli altrui, impedendo un comportamento ingiusto. La **correttezza** è fondamentale, per la comunicazione assertiva, e tramite questa virtù possiamo aspirare a **difendere i nostri interessi**, dando importanza alla nostra **autonomia** e scoprendo che questo atteggiamento ci fa **sentire bene**.

Ricapitoliamo qui i capisaldi della **comunicazione assertiva** che ti consiglio di riscrivere, stampare, memorizzare e tenere sempre a portata di sguardo per iniziare ad adoperare questo strumento. Vediamo nel dettaglio ogni punto: tienine a mente almeno un paio quando sei impegnato in una conversazione e cerca di calibrare il tuo atteggiamento e le tue risposte in linea con questi principi.

Equità: ogni partecipante alla discussione ha pari diritto di espressione e può portare un contributo che può accrescere tutti.

Comunicazione corretta: non solo in senso formale, ma anche per quanto riguarda la veridicità degli enunciati; chi mente lo fa solo per avere ragione anche quando non ha, per esempio.

Rispetto: sii sincero ma non lasciare che la verità travalichi in un senso di superiorità per cui ti è concesso "schiacciare" gli altri con la tua posizione.

Correttezza: sii leale al prossimo, non lasciare che elementi personali penetrino nella discussione attaccando (o facendoti attaccare) su punti non inerenti con l'elemento in questione.

Difendere i nostri interessi: non avere paura di avere a cuore i tuoi interessi, la tua posizione o le tue necessità. Soprattutto, non anteporre gli interessi, la posizione o le necessità altrui alla tua ed evita di comportarti come se avessi il timore costante delle conseguenze della tua ricerca di affermazione.

Autonomia: l'affetto, il rispetto o qualunque altra forma di legame tu possa avere in una relazione non può interferire con la tua integrità e nel comunicare non puoi mancare di rispetto a te stesso e ai tuoi principi. Non si può cercare solo di assecondare e accontentare il prossimo, bisogna imparare anche a dire di no.

Sentirci bene: la comunicazione assertiva è mirata semplicemente a un principio in "avere il diritto di stare bene", di non sentirci costantemente sotto minaccia psicologica o sotto pressione, ma di poter risolvere le conflittualità e i problemi con più leggerezza possibile.

A questo punto mi sento di aggiungere un'abilità che va coltivata e rispettata:

La Resilienza: l'atteggiamento resiliente è fondamentale nella comunicazione assertiva perché permette di mostrare maturità e integrità all'esterno, mentre all'interno ci rende capaci di apprendere, modificare il nostro ambiente interiore, alleggerire il carico emotivo. Il nostro scopo, quando parliamo con gli altri, è di essere radiosi, leggeri, chiari e contemporaneamente di offrire un valido ascoltatore a chi ci chiede consiglio.

Ti posso garantire sin da ora che questi principi ti aiuteranno a gestire al meglio ogni prossima conversazione, soprattutto quelle che ti mettono in ansia e ti fanno sentire agitazione.

Tutto quello che troverai da qui in avanti servirà a puntellare i punti elencati qui sopra, ogni nozione ed esercizio sono mirati proprio a farti trovare meglio nella vita professionale ma anche in quella privata. Proprio perché uso la comunicazione assertiva ho deciso di dedicarmi alla diffusione di questo metodo e fidati: nulla sarà più come prima.

PARTE I

LA COMUNICAZIONE E LA MENTE

La comunicazione è un'azione psicologica e avviene nella mente prima ancora che negli organi predisposti a comunicare. Perfino nella scrittura le parole vengono preordinate in un certo modo, la mano successivamente imprime attraverso un sistema simbolico fonetico attraverso una complessa coordinazione e nel farlo lascia una traccia più eloquente delle "semplici" parole. La grafologia è la scienza che studia il modo di esprimere, o meglio imprimere, emozioni nella scrittura a mano. Il modo in cui verghiamo le lettere dice come stiamo, se crediamo in quello che stiamo scrivendo, se abbiamo inclinazioni e particolarità caratteriali.

Eppure, utilizziamo lo stesso alfabeto di tutti gli altri, gli stessi strumenti quali penne e carta, la stessa lingua con la sua grammatica di riferimento. Ovviamente quello che può emergere da un'analisi grafologica non è un profilo netto, matematico e conciso perché, banalmente, non lo è neanche l'animo umano il quale può fare esperienza di giornata migliori e giornate peggiori in cui le sue inclinazioni possono venire o meno a galla.

Comprendiamo quindi che ci sono degli elementi spontanei e involontari nelle nostre espressioni e invece degli elementi su cui abbiamo più controllo.

Come ti sarà facilmente intuibile, più un concetto ti sarà chiaro, più ti sarà semplice comunicarlo.

Quando si tratta delle proprie preferenze, soprattutto in comunicazioni che implicano una certa compartecipazione emotiva, è necessario fare chiarezza su un punto fondamentale: sei sicuro di sapere che cosa vuoi?

Sapere cosa volere

Nella comunicazione assertiva, così come nel resto della vita, si deve sapere sempre cosa si vuole. L'incertezza crea una delle difficoltà più comuni, tanto diffusa quanto insidiosa, che può essere individuata come uno dei problemi fondamentali del nostro tempo nelle sedute degli psicologi. "Forse era meglio stare con un'altra persona", "avrei dovuto fare un altro mestiere", "potevo cambiare casa quando ne avevo l'opportunità…" viviamo in una costante ansia di finire in "trappola", quando la pura e semplice verità è che, tra due opzioni, quella che scegliamo è inevitabilmente quella giusta perché ci illudiamo di avere una scelta: in realtà, anche se una delle due opzioni può essere più conveniente, una sola sarà quella che potremo fare nostra mentre l'altra smetterà di essere un'opzione nell'esatto istante in cui avremo allungato la mano. Altrimenti, altri fattori (o individui) decideranno per noi, ed è molto peggio.

E qui si pone un altro grande interrogativo: come esprimo (anche a me stesso) le mie preferenze, quando il mio stesso linguaggio può trarmi in inganno?

Ad alcuni questo problema può non sembrare calzante con il nostro tema, ma se ci pensate anche quando parliamo stiamo scegliendo cosa comunicare, in che modo farlo, che tempi utilizzare… e quando non scegliamo, rischiamo di far finire la discussione in un modo che può essere inefficace o perfino disastroso, se da quello che diciamo può dipendere la nostra professione, per esempio.

Se io sono perfettamente a conoscenza dei miei sentimenti, sarò in grado di esprimere le mie preferenze in un senso o in un altro.

In questo testo parliamo di comunicazione assertiva, e per questo può sembrare strano che uno dei primissimi consigli pratici che ti posso dare è questo:

<u>impara a dire di no</u>

"Comunicazione assertiva" non vuol dire essere d'accordo sempre e comunque con l'interlocutore, né mettersi nelle mani delle intenzioni altrui dicendo sempre "sì" agli altri come faceva Jim Carrey in "Yes man".

Con garbo, con educazione e fermezza, sorridendo e procedendo con calma, dì pure che non sei interessato a qualcosa, che non hai tempo e, nei casi più ostinati, che non hai piacere di avere quella conversazione. Far valere la propria posizione non è un oltraggio verso il prossimo, e ti svelo un piccolo segreto sul marketing aggressivo: esiste un piccolo esercito di persone là fuori addestrate per predare gli insicuri che, per educazione, non rifiutano di essere disturbati. Perciò, non sentitevi mai in colpa quando non volete perdere il vostro tempo e le vostre energie per qualcosa che non vi interessa e non vi è utile.

La difficoltà semantica di base delle lingue

Bisogna capire (e riconoscere) quello che si sta provando, ma a volte è più complicato di quanto vorremmo. La nostra lingua, come faceva notare ironicamente un fumettista comico, ha un termine per dire "preferito" ma non per esprimere sinteticamente il suo contrario[1]. Parimenti, esistono un gran numero di termini di altre lingue coniati apposta per indicare una sensazione molto precisa: è il caso di "forelsket", che in danese descrive l'euforia delle prime fasi dell'innamoramento, o dall'ebraico "firgun" con cui descrivere la gioia profonda e altruistica per una cosa bella accaduta però a qualcun altro. I "cugini francesi" dicono "retrouvailles" quando provano la gioia di essere ricongiunti a ciò che ci è caro. L'amore è un caso emblematico della difficoltà linguistica che dobbiamo affrontare quando vogliamo

---

[1] "Sio" per questo proponeva di coniare e diffondere il neologismo "schiferito".

esprimere i nostri sentimenti profondi: i più sfortunati, probabilmente, sono gli anglofoni che dispongono del solo "love" per definire l'amore paterno, l'affetto inteso come amicizia, l'amore romantico... mentre noi italiani usiamo "amare" in molte occasioni relative alle nostre preferenze di gusto e ampliamo tale concetto in relazione alle persone. A tal proposito, trovo che la definizione più calzante del verbo "amare" sia quello tibetano per cui si intende "voglio che tu sia felice" (usato per le persone a cui si vuole bene), mentre invece si distingue dal volere qualcosa con passione che orienta la mente verso il possesso di una persona o di una cosa. Quante volte abbiamo confuso la volontà di rendere felice qualcuno con il desiderio di farlo nostro, come fosse un oggetto, e chiamare ciò "amare"? Avere le "parole emotive giuste" a disposizione probabilmente ci aiuterebbe a riconoscere più facilmente le difficoltà che abbiamo nelle relazioni di tutti i giorni.

La nostra lingua è ricchissima di termini, ma sarebbe bello integrare quelle descritte dalla psicologa Tiffany Watt Smith nel suo "Atlante delle emozioni umane" per ampliare la nostra capacità di esprimere e capire quello che proviamo.

Semplificazioni e stereotipi

Essere sempre "chiari al cento per cento" è impossibile. Molto spesso dobbiamo ricorrere a semplificazioni che, fintanto che dobbiamo intrattenere un rapporto sbrigativo come quello che intercorre tra un cliente e un venditore, non rischia di generare confusione. A volte non abbiamo il tempo materiale di spiegare per filo e per segno la nostra necessità.

Come evidenziato nel paragrafo precedente, più cerchiamo il termine specifico per quello che vogliamo dire più rischiamo di dire qualcosa di sbagliato perché siamo noi stessi, nell'esigenza comunicativa del momento, a caricare arbitrariamente un termine di significati collaterali e di cornice.

In queste occasioni diciamo delle "bugie bianche" del tipo "sto bene", quando in realtà avremmo bisogno di aiuto, ma non abbiamo tempo per fermarci. Ricorda sempre che non puoi incolpare i fraintendimenti a cui vai incontro quando hai fretta: sempre meglio prendersi un respiro, dire cosa ti è necessario e continuare con calma. Sempre usando questo esempio, anziché dire "sto bene" potresti dire "la priorità va a quest'altro problema, dopo potrò occuparmi di come sto".

Altro tipo di semplificazione che ci illude di stare comprendendo un fenomeno che stiamo osservando è quello dello stereotipo. Talvolta usiamo un preconcetto pregiudizievole per assimilare sbrigativamente un comportamento altrui adducendolo a non ben precisate inclinazioni dovute al suo genere, la sua provenienza e altri fattori macro-sociali. Perciò, ci illudiamo che se l'interlocutore non riesce a esprimere i suoi sentimenti in modo esaustivo è "colpa" del fatto che "gli uomini si comportano così", se invece ne parla in maniera troppo approfondita è "perché è una donna", quando invece ci sono persone che non sanno esporre i propri sentimenti o che li antepongono troppo volentieri ad altri argomenti in entrambi i sessi.

Non accettare di essere ricondotto a uno stereotipo definito solo perché hai dei connotati per cui "non puoi fare a meno di comportarti e comunicare in quel modo".

Non ridurre il tuo interlocutore a tua volta a una "macchietta bidimensionale" schiava di un ruolo inconscio. Nessuno aderisce a un simile preconcetto, tantomeno di propria volontà. Il rischio, in entrambi i casi, è di rimanere incastrati in comportamenti negativi e in una comunicazione fallimentare.

L'apparenza inganna

Soprattutto durante la gioventù, crediamo che a parlare per noi sia la nostra personalità. Almeno una volta nella vita vi sarete stupiti nel constatare come una persona si fosse fatta una idea sbagliata sul vostro conto basandosi su un dettaglio del vostro aspetto, così come anche voi avrete mal interpretato un elemento esteriore di qualcuno pensando di coglierne più di quanto lasciato intendere. Una volta, ancora al liceo, incontrai una persona che indossava la maglietta di una band che ascoltavo; per un meccanismo inconscio, pensai di dedurre carattere, idee, inclinazioni e gusti di quella persona. Quando presi il coraggio di chiederle se anche lei ascoltava quella band, questa rispose "Chi?": aveva semplicemente messo una maglietta che le piaceva e io provai del risentimento immotivato per la frustrazione provata. È bastato davvero così poco per provare una profonda simpatia e subito dopo antipatia verso qualcuno che non conoscevo.

Una volta cresciuto, questo meccanismo ingannevole ha continuato a presentarsi. Strinsi amicizia con un ragazzo il quale, dall'aspetto un po' trasandato e dal modo rude di porsi, sembrava venire da una condizione familiare modesta, cosa che mi inteneriva ed evitavo di fargli pagare il conto al bar dove ci incontravamo con altri amici… salvo poi scoprire dopo qualche mese che era il figlio di una delle famiglie più ricche del paese, a capo di una importante multinazionale. Realizzai in tempo che il mio risentimento istintivo per quella scoperta non era razionale, ma che ero io ad aver giudicato il libro dalla copertina e che, ora che la mia convinzione si era rivelata sbagliata, mi sentivo "ingannato": ma chi mi aveva ingannato, se non me stesso?

Ti invito subito a pensare a una situazione simile in cui ti sarai trovato e a porti una prima domanda: è stata la persona che avevi davanti a "trarti in inganno" o sei tu che, per un meccanismo inconscio, hai giudicato dall'apparenza più di quanto avresti voluto fare? Dove arrivavano le radici di questa interpretazione errata? Ma soprattutto chiediti quali elementi non verbali e/o para verbali che hai trasmesso erano in contrasto con le tue intenzioni e cozzavano con il tuo enunciato verbale?

Non ti accusare, non ti giustificare: cerca solo di capire cosa può essere andato storto quando sei stato frainteso.

Le manipolazioni

A volte, parlando di comunicazione assertiva, sento qualcuno obbiettare che le tecniche di comunicazione programmate in anticipo sembrano "manipolazioni". Mi permetto di dissentire fortemente perché è chiaro che le persone hanno paura di essere costrette a fare qualcosa che non vogliono, come quando vengono convinte (talvolta per sfinimento) a cambiare gestore telefonico da un venditore che è riuscito a catturare la loro attenzione o che si è presentato alla loro porta e non hanno "saputo dire di no".

Si parla appunto di "manipolazione" là dove un soggetto in una posizione di potere lo esercita confondendo colpevolmente il suo interlocutore, riducendolo a un ruolo passivo contro la sua volontà e il suo interesse, andando palesemente a vantaggio del manipolatore.

Quando però troviamo il venditore insistente che ha fatto un paio di fine settimana di corso di aggiornamento sulla comunicazione nel marketing, quando qualcuno che conosciamo la vuole semplicemente vinta perché è testardo o prepotente, non siamo vittime di "manipolazione" ma siamo noi che accettiamo delle condizioni svantaggiose pur di concludere l'esperienza negativa della comunicazione forzata.

Ricorda però che i principi della comunicazione assertiva riconducono a un comportamento volto all'autonomia e alla difesa dei propri interessi.

Se non è nei tuoi interessi cambiare gestore o acquistare un prodotto, puoi dirlo con semplicità. "Non è nei miei interessi", indicando sia che non ti è vantaggioso sia che quella conversazione non è più importante di qualunque cosa tu hai intenzione di fare in quel momento, fosse pure nulla, ed è tuo diritto rifiutarla.

La comunicazione assertiva è proprio il contrario della manipolazione, è scoprire che possediamo naturalmente gli strumenti per contrastare le comunicazioni con dei fini che non ci sono utili e far comunicare l'altro in maniera leggera e libera da preconcetti.

Manipolazioni passive

Assolutamente da evitare, le "manipolazioni passive": sono il pane (illusorio e non nutriente) degli insicuri.

"Come sono brutta" dice l'aspirante modella. "Sono un ciccione", ripete il palestrato allo specchio. "Non so niente!" lamenta la persona che poi torna a casa dopo aver preso il massimo dei voti all'esame. Questo tipo di comunicazione emotiva cerca di smuovere una reazione che, per convenzione sociale, dovrebbe adescare un complimento (per lo più insincero) che puntelli l'ego del richiedente. In inglese si dice anche "fishing for compliments", ovvero gettare un'esca per "pescare complimenti".

Mai, e dico mai, porre un simile peso sull'interlocutore se si vuole un rapporto sincero, sia esso professionale o sentimentale. Passare per "vittima delle circostanze" può essere un ruolo che, alla lunga, può instillare nel prossimo la convinzione che qualcosa non vada. Se, come dicevamo sopra, la persona che continua ad avere successo nella sua carriera accademica si lamenta sempre della sua impreparazione, le persone intorno a lei tenderanno a non considerarla attendibile. Certo, a livello nozionistico avrà le capacità di superare delle prove d'esame, ma la sua capacità critica e soprattutto il modo in cui affronta la difficoltà non la faranno sembrare la persona più adatta per affidarle un compito.

Mi hanno raccontato una storia particolarmente calzante come esempio: durante un workshop sulla formazione nei mestieri creativi, i partecipanti dovevano inventare dei brevi testi su un tema pescato a caso dal docente; un esercizio per stimolare il problem solving e di simulazione di situazioni di stress in alcuni ambienti di lavoro. I migliori tra i partecipanti a questo laboratorio avrebbero avuto l'occasione di collaborare come redattori per un programma televisivo. Tra di loro, c'era una ragazza con un ottimo curriculum, nata bilingue, aveva conseguito un master universitario prestigioso, ma che iniziava ogni volta la lettura del proprio testo con frasi del tipo "Tanto il mio testo non sarà bello come i vostri", "Lo leggo anche se so che fa schifo" e via dicendo. Poi, leggeva con voce monotona e tutto d'un fiato il suo elaborato, che non sarebbe stato neanche tanto male, non fosse per l'esposizione poco enfatica. Il suo problema era che, per tutta la sua carriera scolastica, aveva trovato persone che incoraggiavano questo atteggiamento, rassicurandola; a quel punto, il pattern comportamentale si è solidificato in una costante ricerca di approvazione attraverso la consolazione, anziché l'affermazione positiva delle proprie capacità: ciò vuol dire che questa persona non era consapevole di avere delle qualità e trovava stupido rischiare di utilizzare un approccio sicuro.

Nella vita, purtroppo, non troveremo come interlocutori solo i nostri parenti, amici o dei docenti intenzionati a spronarci e rassicurarci: che accade se il compito di rassicurare grava su di noi? A ben pensarci, rassicurare qualcuno, che sia un cliente, un collaboratore o un paziente, è uno dei compiti di un bravo professionista che mostra le sue abilità: il mondo adulto necessità di un linguaggio adulto e di un atteggiamento sicuro (come quello di una persona cresciuta e pronta alle responsabilità). Talvolta è meglio ricevere un sincero "guarda, quello che hai fatto fa schifo: impegnati sul serio per raggiungere un traguardo" piuttosto che un complimento dettato tanto per farci stare zitti (e smettere di lamentarci, che se la tiriamo per le lunghe diamo fastidio). La modestia serve quel tanto che basta a non lasciare il nostro ego soverchiare gli altri a briglia sciolta. Se è vero che "il saggio cerca sempre di migliorarsi, l'idiota si sente perfetto", non bisogna neanche peccare di modestia e, una volta riconosciuti dei limiti oggettivi, far leva su dei punti di forza. Se non si ha nulla di particolare da dire su quanto si sta per enunciare, non diciamolo. Non cerchiamo di attirare una sorta di pietà materna nell'interlocutore esordendo con "Quello che dirò sembrerà una sciocchezza, ma...", perché stiamo solo perdendo (e facendo perdere) tempo prezioso. Inoltre, qualcuno potrebbe pensare (a torto) di fare una mossa strategica nel presentare il proprio lavoro come "mediocre" sapendo benissimo che invece è stato ben studiato e sviluppato, confidando in una sorta di "effetto sorpresa" per cui l'interlocutore dovrebbe restare abbagliato dalla differenza con le basse aspettative create; in molti lavori, la presentazione è già parte del risultato finale, se in questa iniziamo dicendo "probabilmente non vi piacerà" il capo, il cliente o il collega ci risponderà seccamente "allora ricominci da capo".

Immaginate di chiedere un lavoro a un idraulico e che questi, ultimate le riparazioni, esordisca con "ho fatto un disastro, spero vada bene lo stesso": anche se il lavoro è stato eccellente, difficilmente lo consigliereste ai vostri amici o lo considerereste per un prossimo lavoro in casa. Le primissime parole che pronunciamo dettano la linea di ascolto di chi ci sta davanti. Sprecare questa occasione con un'affermazione negativa, vuol dire non cercare di avere successo nel farsi ascoltare. Leggereste mai un libro che inizia dicendo "questa storia è noiosa, brutta, scritta male e se comprate questo libro state buttando i vostri soldi"? Allo stesso modo, cercate di farvi la migliore pubblicità possibile quando iniziate un discorso. La manipolazione passiva è tipica di un atteggiamento infantile e adolescente, quelle età in cui non si ha un vero peso nel mondo dei grandi, in cui avere attenzione e ascolto è spesso più difficile in quanto si manca di autorevolezza e autorità. Restare ancorati a questo tipo di comunicazione però, vuol dire pretendere di essere trattati come persone cresciute e responsabili non per le nostre capacità ma per una forma di pietà per cui il prossimo dovrebbe riservarci un trattamento oltremodo delicato per il quale spesso non si ha il tempo materiale.

"Non fare il bambino"

Parlate in modo adulto. Diceva in un bel monologo l'attore Marco Paolini:

"Adulto è il participio passato del verbo latino adolescere: colui che ha finito di crescere." [...] "Conosco pochi adulti e troppi adulteri; adulteri a sé stessi, si intende." [...] "Dichiaratevi adulti"

e partite da quello che avete: sarà sempre più che sufficiente e vedrete che vi troverete molto meglio rispetto ad una comunicazione negativa.

A proposito di crescere, ho trovato questa citazione calzante da una serie televisiva relativamente recente, "True Detective":

"Una vita basta a malapena per diventare bravo in una cosa. Quindi, devi stare ben attento a quello in cui vuoi diventare bravo."

Ora, pensando a come ci esprimiamo, sia con gli altri che con noi stessi, potremmo notare se abbiamo la tendenza o meno di fare affermazioni auto-denigranti: sei più bravo a lamentarti, a vedere più il problema che la soluzione o sei più predisposto a incoraggiarti?

Se la risposta è "sono più bravo a lamentarmi", non preoccuparti: come per ogni abitudine, puoi trovare dei sistemi per cambiare quello che ti serve e migliorare le tue prestazioni comunicative.

La verità è che a pochissimi, fino a oggi, è venuto in mente di educare le persone al raggiungimento di una emotività funzionale, pretendendo invece l'adattabilità per omologazione e disciplina. Siamo stati cresciuti con l'idea di dover imparare una serie di nozioni e di comportamenti, affinché potessimo definirci integrati e "normali", sviluppando il più possibile le abilità da misurare con il Quoziente Intellettivo, mentre abbiamo spesso lasciato da parte un altro tipo di quoziente che influenza la nostra esistenza in maniera più completa e importante delle capacità tecniche: il Quoziente Emotivo.

Il QE

Il Quoziente Emotivo non "misura" in senso matematico le nostre abilità, ma rileva la capacità di integrarsi, interagire e relazionarsi con gli altri (sociabilità) oltre che elaborare ed esprimere in maniera ottimale le proprie emozioni. Attenzione: essere particolarmente inclini all'emotività non vuol dire essere persone "migliori": anche la tristezza, la rabbia e la paura sono emozioni, provarle in maniera sproporzionata rispetto a una causa scatenante, mantenerne troppo a lungo l'apice quando provate per un motivo reale o richiamarle quando non è necessario vuol dire proprio avere un problema emotivo per cui non si riescono ad elaborare correttamente le sensazioni interne, peggio ancora scambiandole per condizioni esterne per cui sarebbe necessario agire e prendere delle contromisure. Una persona dotata di un Quoziente Emotivo molto alto non è una persona che si lascia trasportare dalle emozioni: al contrario, sa tenere a freno gli impulsi distruttivi, autolesivi o inutili, per sviluppare meglio invece le attitudini funzionali alla vita. Più che parlare di "quoziente" come un metro di misura, concetto che può essere fuorviante e poco aderente al sunto di base, potremmo semplicemente parlare di abilità emotiva.

Anzitutto, prova a pensare a come stai. Visualizza l'emozione che sta sotto la tua pelle. Probabilmente, noterai che non è da sola. Ci piace pensare di provare una sola cosa per volta, come se le emozioni fossero una serie di compartimenti stagni in cui far fluire l'attenzione una per volta. Se provo vergogna posso provare anche rabbia, se provo gioia posso provare sollievo, stanchezza o aggressività. Per questo le varie popolazioni del mondo hanno creato così tanti termini per descrivere concetti che, a volte, ci sembrano addirittura bizzarri. Non è importante che tu esprima perfettamente ogni sfumatura di ogni singola percezione interiore del momento, anche perché, essendo mutevoli, personali e sovrapponibili come dicevamo, le emozioni non sono gli unici elementi, soprattutto, non sono quelli obbiettivi, su cui costruire un dialogo a tu per tu con qualcuno; considerali piuttosto come una frequenza. Quando ti metti sulla stessa lunghezza d'onda delle idee di un altro essere umano, hai più probabilità di ricreare le parole chiave che servono a stabilire un contatto profondo, di rispecchiarne i modi di fare e di pensare, di "parlare la sua lingua" oltre i fonemi e le grammatiche, andando a lavorare quindi non solo sul linguaggio verbale, para verbale e non verbale, ma anche sul linguaggio emotivo.

L'intelligenza Emotiva di Daniel Goleman

Vediamo come la risposta emotiva non sia un mero fatto "metafisico" che riguarda un ambito astratto della nostra vita.

Un libro che posso consigliare di leggere per capire quali sono i fondamenti anatomo-fisiologici dell'attività neuronale che soggiacciono all'attività psichica, è il famoso e pluripremiato "L'intelligenza emotiva", Daniel Goleman. Questo autore, già insegnante per la prestigiosa università di Harvard e collaboratore scientifico del "New York Times", dimostra in pochi semplici passaggi come il nostro cervello si sia evoluto per creare quell'elaborato intrico di passaggi che, da un impulso "primordiale", arrivano a manifestarsi come comportamenti e anche comunicazioni.

La parte "centrale" e più profonda del nostro cervello è l'amigdala, da alcuni definita "cervello rettile", la quale ha funzioni basilari e risposte che in questa sede potremmo definire "semplici": c'è un impulso sensoriale, diciamo una sollecitazione uditiva e/o visiva, e questa zona reagisce come farebbe appunto uno dei nostri più lontani antenati biologici. Il cervello umano, ben più sviluppato e complesso di quello della maggior parte degli altri animali del pianeta, rielabora tale impulso in una miriade di altri calcoli effettuati dalla neocorteccia, per lo più per le esperienze pregresse.

Se l'amigdala è un "grilletto molto sensibile", molte altre aree del cervello servono a filtrare e scandagliare la risposta più utile al contesto. Per questo, per esempio, non "fuggiamo o combattiamo" quando siamo sotto pressione durante un esame accademico o di fronte a un dato che non conosciamo a lavoro, ma attuiamo una serie di strategie "consigliate" da fattori culturali, abitudini, apprendimento eccetera.

 Per Goleman i rapporti tra amigdala e neocorteccia sono un esempio perfetto di quelle conflittualità interne che intercorrono tra "mente e cuore", tra due stati diversi d'umore che coesistono e, in qualche modo, "combattono" tra di loro creando esitazioni, dubbi, ma anche costringendoci alla valutazione, alla cautela e all'osservazione.

Alla fine, quello che è importante è: quale reazione adotterò di fronte a un problema?

Filosofi, maestri di discipline orientali prima, psicologi e life coach oggi, discutono da tempo immemore su come sviluppare e familiarizzare risposte adeguate e come riconoscere o creare una natura adattiva funzionale per l'individuo, la società e il mondo.

Sempre secondo Goleman, l'Intelligenza Emotiva è una risposta che coniuga diverse competenze, su di una base fisiologica, per cui si può essere capaci di sviluppare una visione equilibrata della vita, delle problematiche ad essa connesse, ma soprattutto delle risposte che l'individuo dà in maniera autonoma, rispettando dei principi che creino felicità e che possano *accontentarlo*. Ho usato questo termine non a caso, perché oltre a essere un sinonimo interessante della parola "felice", "contento" può essere visto come colui che, secondo il grande scrittore Tiziano Terzani, si "accontenta", per l'appunto. È felice con ciò che ha, non si duole di ciò che gli manca, e questa è una delle più squisite prove di intelligenza e adattabilità che un individuo può dimostrare. L'intelligenza emotiva è proprio quella meta-abilità di usare gli strumenti intellettivi a propria disposizione per creare e influenzare positivamente l'ambiente interiore ed esteriore.

Impariamo quello che ci viene comunicato, comunichiamo quello che impariamo

Sulla base di quello che abbiamo visto a proposito dell'Intelligenza emotiva di Goleman, possiamo ora osservare come le risposte profonde delle nostre sinapsi siano collegate a quel groviglio che portiamo nella nostra scatola cranica e come questo influenzi le nostre risposte a livello comunicativo. Il processo di apprendimento del linguaggio passa attraverso l'assorbimento passivo di regole che si "incasellano" in aree specifiche del cervello che, a loro volta, determinano la produzione di fonemi e l'espressione facciale o la gestualità (includendo una serie di capacità come la coordinazione muscolare della bocca, del viso e delle mani). Gran parte di quell'apprendimento che otteniamo da neonati e da bambini è quindi un processo inconscio e l'assorbimento di tantissime nozioni fondamentali è legato a fattori arbitrari e su cui facciamo fatica a tracciare un percorso razionale e ripetibile. Questo vuol dire che il nostro carattere, e il linguaggio personale che ne deriva, sono influenzati da elementi su cui non si può avere il pieno controllo. Certo, la scuola e la famiglia ci insegnano a parlare in modo da essere compresi dal nostro gruppo sociale, ma questa non è che una frazione di tutto il nostro bagaglio comunicativo.

Se pensiamo alla lingua italiana, alcuni avranno più propensione a usare diversi termini per lo stesso gesto, quello di andare a dormire: "coricarsi", "stendersi", "sdraiarsi", e anche usando la stessa radice semantica potrebbero scegliere (inconsapevolmente) di usare "addormentarsi" anziché "dormire" o "riposare". Ciò può essere rilevante soprattutto quando il recettore del messaggio può percepire una sfumatura di senso differente da quella originariamente espressa dal produttore del messaggio, ma in entrambi i casi le persone hanno "ragione". È un po' come in quella famosa immagine che è stata condivisa su diversi social da milioni di utenti in cui, nell'identificare un segno per terra, due persone dicevano due cose differenti a seconda del punto di vista in cui si trovavano: "6" diceva l'omino disegnato a un'estremità del segno; "9", controbatteva quello disegnato dall'altro lato[2]. Espressioni gergali e dialettali possono essere fraintese quando, per forza di abitudine, si usa una parola che nella lingua corrente ha un significato completamente diverso. È divertente notare questo tipo di incongruenze e distanze semantiche in quelle situazioni come la vita universitaria in cui, partecipanti allo stesso corso di diversa provenienza, usano termini che "sembrano" impropri. "Postale", per esempio, è un aggettivo qualificativo, ma per una forma desueta, in certe regioni, indica anche la corriera, il "mezzo pubblico a motore" che, anticamente, portava anche la posta. Questa precisazione appena fatta è più che sufficiente a far capire come tali complicazioni, apparentemente di facile risoluzione, siano deleterie quando entrano in gioco quelle emozioni di cui parlavamo prima, che hanno difficile identificazione o che, per convenzione sociale o difficoltà caratteriale, vengono espresse utilizzando termini diametralmente opposti al significato intenzionale originariamente pensato dal produttore del messaggio.

---

[2] In questo caso, come molti altri, non si può relativizzare all'infinito ma si dovrebbe interpellare il creatore del segno e capire cosa volesse dire; se, per esempio, fosse il numero della fermata di una linea di autobus, non si potrebbe equivocare tale numero.

Idioletto

Ti svelo un segreto sul marketing digitale nei social media: la maggior parte delle pagine e profili di successo che basano il loro core business su delle narrazioni con terzi, costruiscono a tavolino le "conversazioni spontanee" degli utenti. Lo storytelling può essere programmato in base ai gusti degli utenti iscritti alla pagina in questione, ma talvolta degli elementi linguistici "sbugiardano" il content creator poco abile che fa finta di raccogliere conversazioni… mai esistite. Alcune famose pagine (per lo più umoristiche) riportano screenshot di conversazioni di persone che racconterebbero "inconsapevolmente" vicende interessanti, ma nonostante la presunta eterogeneità dei soggetti presi in esame da tutte le regioni del paese, tutti per esempio dicono "fai che vuoi" anziché "fai quello che vuoi". Il content creator, credendo evidentemente che il suo modo di parlare fosse "neutro" e comune a tutti i dialetti, si è tradito attraverso il suo **idioletto**.

Con questo termine, definito come "linguaggio individuale", ci riferiamo al nostro personalissimo modo di parlare, il quale comunica al prossimo più di quanto vorremmo. Può sembrare un campo di studio molto marginale, ma in realtà tale studio linguistico è diventato cruciale persino in alcuni importanti casi seguiti da esperti profiler dell'FBI come quello di "Unabomber".

Possiamo considerare l'idioletto come un mix di espressioni gergali e dialettali, modi di dire popolari della nostra zona (o perfino familiari), asserzioni di ristretti gruppi sociali, scelte lessicali peculiari e inclinazioni personali per cui la nostra mente ha delle preferenze comunicative dettate da abitudini consolidatesi più che altro nell'ascolto passivo durante gli anni della formazione del linguaggio.

La nostra scelta dei vocaboli è un processo in parte inconscio e, più siamo emotivi o agitati, meno saremo capaci di dominarlo. È difficile, per esempio, mantenere una posizione di cui non si è convinti se non si è completamente presenti a sé stessi, se incalzati finiremo per dire quello che pensiamo davvero, come nel caso di un venditore che incespica là dove non vuole rispondere a domande che metterebbero in luce la reale portata della convenienza del prodotto da lui proposto.

Nella vita di tutti i giorni, l'idioletto "tradisce" la nostra provenienza anche se abbiamo fatto un corso di dizione per non trasmettere un accento particolare, mostra alcune nostre convinzioni personali, esprime concetti ed emozioni anche quando non lo riteniamo opportuno. Abbiamo visto per esempio in tanti film e telefilm un interlocutore razzista che si fa sfuggire un complimento "strano": "Quando mi dicevano che sarebbe arrivato un miliardario non mi sarei aspettato di ricevere uno come lei!" "Perché sono nero?" "Come? Ah, no... intendevo dire... perché... è giovane..."

Se notate, gli elementi più puri e profondi della comunicazione personale saltano fuori quando una persona si infuria o è agitata, e più si agita più gli sarà difficile mantenere un linguaggio misurato.

Perché la comunicazione "fallisce"?

A volte, nelle conversazioni che più ci stanno a cuore, ci sembra di essere incapaci di capire cosa l'altro stia realmente dicendo, ma molto più spesso ci sentiamo incapaci di definire al meglio quello che proviamo e, di conseguenza, ci intestardiamo a sproloquiare senza soluzione di fine o ci arrendiamo e lasciamo che un pugno di parole sortiscano un effetto qualunque.

Manca un "vocabolario comune" delle emozioni.

Tante volte siamo in conflitto con gli altri perché è mancata una definizione chiara dei termini in cui ci si è espressi.

"Arrivo tra qualche minuto" può voler dire un sacco di cose; una persona ansiosa, o che magari sta aspettando di essere recuperato in macchina dal suo interlocutore mentre aspetta sotto la pioggia, è più incline a pensare che con "qualche minuto" si intenda "due minuti", "cinque minuti". Quello che invece sta finendo un lavoro e non percepisce nessuna urgenza di mettersi a correre può intendere trenta, quaranta minuti. In entrambi i casi, a decidere sarà il traffico e altre situazioni limitanti, ma l'espressione "qualche minuto" avrà un significato diverso.

Parimenti, molti si trovano in conflitto con persone a cui erano legati perché a entrambi i partecipanti del legame non era chiaro cosa si intendesse nella loro relazione. Una persona può pensare che un legame definito "amicizia" intenda l'essere presenti a pochi eventi significativi della vita, l'altro che si debba uscire ogni sera. La condivisione di intenti e di gusti può minare i rapporti che nascono pensando a "ciò che si ha in comune", che può non bastare a sostenere tale interazione nel momento in cui i gusti di uno dei due vanno in contrasto con le preferenze dell'altro.

Arriviamo poi a parlare delle relazioni amorose, dove per alcuni può essere chiaro che ci si è uniti in un vincolo emotivo dopo un mese di frequentazioni, per altri tale impegno non è stato preso se non esplicando le misure e i limiti di un possibile fidanzamento verbalmente e chiaramente.

Comunicazioni negative, modelli negativi e infantilismo comunicativo fallimentare

Esistono diverse modalità di comunicazione che ci si possono ritorcere contro nel momento in cui non prestiamo attenzione alle nostre emozioni.

Un fatto molto rilevante che spesso viene taciuto per ignoranza o perché sottostimato, è che siamo portati a parlare agli altri nel modo in cui siamo abituati a parlare nella nostra mente. L'idioletto non riguarda solo le parole che escono dalla nostra bocca ma, più verosimilmente, la sorgente delle nostre scelte lessicali e che determina parte della nostra identità personale.

Una faccenda abbastanza curiosa che può essere osservata anche in autonomia è che, quando per esempio ci arrabbiamo o ci lamentiamo, possiamo provare a "riascoltarci". La moderna tecnologia ci permette di registrare la nostra voce senza grossi problemi: prova ad ascoltare un messaggio vocale in cui ti lamenti via WhatsApp o tramite un'altra app che permette di mandare audio messaggi (scommetto che se usi il cellulare hai almeno una conversazione in cui risalire a un tuo messaggio di questo tipo).

Ora prova a chiederti a chi somiglia quella voce, e se ci fai bene caso non è la tua espressione "neutra", quella che usi in modo colloquiale. Quando siamo agitati, arrabbiati, delusi o tristi utilizziamo dei pattern comportamentali che possono somigliare a quelli di qualcun altro o alla nostra versione più infantile.

Nel primo caso, stiamo reiterando dei modelli negativi, molto spesso parentali, per cui abbiamo appreso che quando si litiga si usano quelle espressioni, ma anche quell'atteggiamento, quel modo di fare, quei gesti col corpo, quel tono specifico di chi abbiamo imparato essere "legittimato" a dare in escandescenza.

Nel secondo caso, "regrediamo" a una condizione in cui la frustrazione e la rabbia ci riportano a episodi mai risolti per cui le difficoltà che non sappiamo superare sul momento ci paralizzano ed entrano in funzione meccanismi "semplicistici" di rifiuto e repulsione della realtà. Tutti abbiamo visto adulti strillare e pestare i piedi, ma più di tutto presta attenzione all'espressione del volto di una persona particolarmente contrariata: sopracciglia aggrottate, viso paonazzo, ma soprattutto le labbra increspate nel classico "broncio"; è la stessa espressione del bambino a cui è stato tolto il giocattolo o che si sente schermito quando gli "si ruba il naso", non importa se poi, da adulto, gli sta accadendo qualcosa di grave, in qualche modo la mente torna a quello schema comportamentale.

Quando utilizziamo una comunicazione negativa, la persona di fronte a noi resta basita, sconcertata e non ci riconosce, così come noi abbiamo difficoltà a parlare con qualcuno che conosciamo quando si arrabbia perché non sembra la stessa persona di prima.

Effettivamente, l'eccessiva risposta adrenalinica e l'attivazione di zone del cervello che "sequestrano" il resto delle aree comportamentali creano una "personalità difensiva". Ciò sarebbe estremamente utile in quelle situazioni di "attacco o fuga" per cui è predisposta l'amigdala, in modo da proteggerci, ma di fronte a un partner o un familiare con cui siamo in disaccordo, un collega poco collaborativo o una giornata storta per motivi che non sono responsabilità di nessuno (pioggia, traffico, emergenze…) non abbiamo né bisogno di fuggire, né tantomeno di attaccare. La risposta negativa, quindi, è sproporzionata alla "minaccia", o meglio, alla situazione che percepiamo (a torto) come pericolosa.

Conseguenze traumatiche e lessico

La somma di "quel che siamo" è composta da tutti i nostri fattori genetici, predisposizioni e inclinazioni personali, ma soprattutto da fattori educativi, esperienze, osservazione della realtà. Questa nozione getta nello sconforto molti che, a ripensare ad eventi più o meno "pesanti" della loro prima infanzia, si sentono predestinati a una vita grama, costretti a ripetere schemi negativi perché "è quello che hanno appreso". Ciò, per fortuna, non è vero (o almeno, non lo è al 100%) perché, anzitutto, si ignora la capacità plastica del cervello di creare nuovi impulsi e percorsi neurali con cui uscire dai vecchi schemi. Il cervello non è un monolite in cui, una volta incisa un'informazione, questa resta indelebile. Anzi, i nostri ricordi possono essere "ridimensionati" (cosa che la mente fa ciclicamente senza che ce ne rendiamo conto); a ben pensarci, basta il tempo perché un evento che reputavamo centrale della nostra vita diventi secondario e perfino dimenticabile. So che alcuni, leggendo queste righe, staranno pensando che ci sono eventi talmente forti da non poter essere minimizzati: certo, un evento spiacevole, drammatico o pericoloso resta tale, ma quello che vorrei proporre non è una sorta di "relativismo indifferente" verso il dolore, quanto piuttosto un ragionamento dettato dalla razionalità per cui il trauma (intendo quello di natura psicologica), per sua natura, non crea problemi nell'immediato, ma è la sua cicatrice a impedire una sana considerazione del Sé. Il trauma genera una risposta profonda nell'amigdala, accendendo le spie d'allarme del nostro sistema nervoso centrale e mettendo in allerta quelle del sistema periferico: nei casi peggiori sentiamo il respiro affannoso, il campo visivo si restringe, il battito cardiaco accelera, lo stomaco si chiude con conseguente sensazione di nausea, possiamo anche avere tremori. A livello interno, sentiamo un disagio: questo si manifesta anche in assenza del trigger propriamente detto, ma quando succede ci "incartiamo", diventando goffi, bloccandoci e, cosa più rilevante ai fini della nostra indagine sulla comunicazione assertiva, con evidenti difficoltà comunicative. L'agitazione è nemica della chiarezza. Diceva un adagio cinese che "la mente è come un lago, se la sua superficie è increspata dal vento, non riflette la realtà; quando è calmo, è come uno specchio e riflette la realtà per com'è". Allo stesso modo, la mente non può "riflettere" quello che intendiamo davvero, se non nella condizione ottimale per esprimerci. La calma è l'alleato più importante di una comunicazione corretta e assertiva.

Comunicazione e nervi scoperti

Quando si "sbotta" sembra sempre che non ci sia una causa proporzionale alla reazione. L'accumulo silenzioso e invisibile può essere durato giorni, perfino anni, e spesso la persona che "fa la scenata" non era neanche corrente che fino al momento prima stesse accumulando energia negativa. La classica "rispostaccia" data quando siamo innervositi rischia di esacerbare situazioni che non hanno nulla a che vedere con il nostro stato interno, ma siamo troppo spesso portati a reagire con un eccesso. Parimenti, possiamo anche dispiacerci, scoppiare a piangere o prendere sul personale un commento che, in altre occasioni, non avremmo notato o non ci sarebbe sembrato così aggressivo o minatorio, ma proprio "quel giorno" (una giornata di pioggia se siamo meteoropatici, abbiamo avuto una brutta notizia da un familiare, c'è stato un problema nel condominio...) ci sembra più problematico e sofferto del solito.

È importantissimo monitorare il nostro livello di attenzione e cura verso il nostro interlocutore. Alcuni tratti negativi, infatti, possono saltare fuori quando meno ce lo aspettiamo e possono essere indotti da fattori caratteriali o, banalmente da fattori ambientali.

Fattori caratteriali che ci possono indurre ad avere una cattiva comunicazione sono, per esempio, gli elementi pregiudizievoli per cui fatichiamo a prestare volentieri attenzione verso la persona di fronte a noi. Cose come l'aspetto fisico o la nostra predisposizione a entrare in conflitto con quella persona a causa di trascorsi precedenti.

Ci sono poi gli elementi ambientali: in questa categoria possiamo elencare tutto ciò che ci mette a disagio (e che non riguarda direttamente o soltanto la persona che abbiamo di fronte a noi). Un ambiente rumoroso, un odore cattivo, ma anche una cattiva digestione in corso o una notte di sonno disturbato possono far emergere cattive abitudini ed emozioni. In entrambi i casi le condizioni interne ed esterne si possono tradurre in un linguaggio povero, difficilmente diretto all'obbiettivo. Pur avendo fatto delle prove di ciò che dobbiamo dire davanti allo specchio del nostro bagno, pur essendo completamente convinti della validità delle nostre argomentazioni e contando sulla nostra buona fede, la nostra mente farà più fatica a barcamenarsi in mezzo al caos di una reazione imprevista e agirà di conseguenza, anche se credevamo di avere saldamente in mano il timone dei nostri pensieri.

La verità, nuda e semplice, è che quando non abbiamo chiaro il nostro livello di stress interno, quando non siamo consapevoli dei fattori caratteriali o ambientali che influenzano la nostra interazione, non siamo in grado di ascoltare e siamo tesi a voler dire la nostra per poi mettere il punto una volta per tutte. Il risultato? Esattamente l'opposto di quello che volevamo, perché nel prendere una posizione aggressiva, abbiamo ottenuto che anche l'interlocutore si ponesse nella stessa maniera.

"Non ho niente" e i giochi di potere negativi

Questa è una delle frasi più temute in ambito relazionale, e per una cattiva interpretazione dei ruoli di genere, oltre che per una pessima inclinazione a prendere elementi di fantasia come la televisione o il cinema come se fossero lo specchio della realtà, è finita per diventare un vero elemento di discussione in ambito terapeutico per le relazioni. Prima di scagliarsi in maniera monodirezionale contro una categoria in particolare, è meglio specificare che anche gli uomini usano formule di manipolazione passiva, benché una certa (pessima) forma di intrattenimento ascriverebbe questa manifestazione di sentimenti alle sole donne.

Vediamo più nello specifico perché questo tipo di negazione vada evitato sempre.

Anzitutto, realizza che non è un tentativo di disinnescare il problema, di minimizzarlo o di farlo passare in secondo piano, al contrario: lo si ingrandisce, perché a fronte di un problema minore (un ritardo all'appuntamento, una risposta sbrigativa che non abbiamo gradito…) vi si aggiunge un problema di dinamiche relazionali che vanno affrontate in separata sede e prese per quel che sono, non come un "ingrediente extra" per avere "più" ragione.

Negare il problema a voce alta, intendendo colpevolmente il contrario, è una manipolazione passiva della peggior specie perché, in realtà, si parte subito con un'intenzione conflittuale: non si vuole davvero negare il problema, non lo si vuole risolvere, si vuole fare un "gioco di potere" in cui far sentire l'interlocutore carente, poco attento, "sbagliato". Difatti, solitamente al "non ho niente" si prosegue spiegando cosa si covi realmente decretando che "dovresti sapere cosa ho".

Siate sempre chiari e dite senza problemi cosa vi serve.

Volete attenzioni? Volete affetto? Volete sentirvi coccolati? Non otterrete niente di tutto questo sbattendo le porte e gridando che "non avete niente", ma intendete che quel "niente" dovrebbe essere ben conosciuto dal vostro partner.

Prevenite i conflitti esponendo con chiarezza cosa è importante per voi in una relazione, di qualunque natura sia. Non vi si può equivocare nel momento in cui è chiaro cosa volete attrarre nella vostra vita e cosa invece vi crea avversione.

Questo è uno dei punti più importanti della comunicazione assertiva, perché costruire l'abitudine coi propri cari di non riuscire a esprimere la propria opinione e le proprie preferenze, genererà inevitabilmente la sensazione di essere indifesi di fronte a degli sconosciuti e ci farà sentire "schiacciati" dalle necessità altrui. Le persone che non mostrano le proprie necessità ma che fanno un metaforico passo indietro per accomodare il prossimo (a causa di un distorto senso di educazione e pudore) prima o poi, quando entrano abbastanza in confidenza con qualcuno esplodono perché non capiscono come mai gli altri non colgano le loro peculiari fragilità e non riescono a confrontarsi francamente, costruendo meccanismi di risposta indiretti e non risolutivi. Può sembrare un paradosso, ma in poche parole ciò vuol dire che la situazione degenerata in conflitto si è create proprio per paura di quel conflitto.

Di chi è la colpa?

Nella comunicazione assertiva cerchiamo di avere un confronto ragionevole e calmo. Questo però non è sempre facile perché una delle caratteristiche più comuni dell'essere umano è quello di cercare un responsabile di tutto. I moderni movimenti di teorie del complotto sono un ottimo esempio di come questo atteggiamento sia estremamente diffuso anche su larga scala: questi gruppi fanno facilmente proselitismo e hanno successo su tante persone proprio perché molti soffrono a causa di una situazione estremamente complessa (cause geopolitiche con radici secolari, problematiche ecologiche intricate e sovrapposte a concause economiche e molto altro ancora) e si sentono frustrati dall'essere esclusi dalle possibili soluzioni, cercando risposte sempliciste e, attraverso queste, di trovare i "veri colpevoli di tutto". "Loro" sono responsabili della rabbia, della frustrazione, perfino del cattivo tempo. "Piove, governo ladro", si usava dire anche in tempi remoti.

In realtà siamo noi a scegliere il nostro umore, e questa responsabilità, rifiutata e osteggiata da tanti, è una benedizione: per quanto all'esterno ci possano essere le condizioni peggiori, sta a noi trovare le parole per avvantaggiarci e non perdere di vista la soluzione, la quale sarà più vicina quando saremo serenamente in condizione di rimboccarci le maniche e non lamentandoci fino a quando "qualcun altro" ci toglierà le proverbiali castagne dal fuoco.

Ogni volta che puoi, non pensare a quello che fanno di

male gli altri, pensa piuttosto a ciò che di buono puoi fare tu per te stesso, come puoi essere più gentile verso di te e come esprimerti in maniera propositiva.

Le condizioni per la pace esteriore vanno costruite con la pace interiore.

Empatia, simpatia e compassione

Abbiamo spesso sentito e usato questi termini della nostra lingua, ma a volte non è chiara la differenza tra i due primi concetti; ritengo tale chiarimento molto utile per una riflessione sul potenziale emotivo nella comunicazione assertiva.

La simpatia è l'abilità di capire l'altro e di avere chiare le motivazioni della sua sofferenza[3]. In senso lato, il termine indica anche la propensione ad avvicinarsi a tale persona in virtù del fatto che si hanno dei tratti caratteriali comuni, il che renderebbe la sua frequentazione piacevole.

L'empatia è invece la capacità di provare a nostra volta le emozioni di altri, spesso in maniera incontrollata, e di farci "contagiare" dall'umore altrui. Possono essere due facce della stessa medaglia, invece la compassione, ossia la condivisione è la compartecipazione di un'emozione.

---

[3] Le definizioni canoniche leggono nel suffisso "patia" l'idea di "pathos" come "sofferenza", ma credo sia meglio ampliare il concetto a "emozione".

Attenzione: "capire" cosa sta provando l'altro non vuol dire per forza provare o essere d'accordo con quella reazione (un torto subito da una persona cara può attirare la nostra solidarietà, la quale però non si deve tradurre in comportamenti che andrebbero contro i nostri valori o che andrebbero a lederci in qualche modo). Viceversa, provare quel che provano gli altri non ci permette di capirne a pieno le motivazioni che possono anche non essere condivisibili (per esempio, l'antipatia personale verso un individuo che non ha fatto nulla di male ma, per spalleggiare il nostro amico o partner, diventa nostro "nemico" per una sorta di proprietà transitiva).

Un piccolo trucco con gli anziani

Più di una convinzione socialmente accettata riduce le conflittualità con le persone della terza età a battibecchi infantili, in cui lottare con una inutile caparbietà. "Eh, si sa: con l'età si torna un po' bambini".

Non credo che, in questo frangente, esista una convinzione più sbagliata e controproducente.

Immaginate una persona che, dopo aver passato diverse crisi nella propria vita, alcune di natura epocale e storicamente rilevanti, dopo esser stata in qualche modo protagonista di almeno un episodio importante e su cui basare la convinzione di poter avere ragione, arrivi qualcuno che la tratta con finta accondiscendenza ma, alla prova dei fatti, le impone qualcosa di sgradevole, sulla base del fatto che la sua età le vieterebbe di essere presa sul serio. Mettetevi nei suoi panni: trovereste questa condizione intollerabile e non sareste per nulla collaborativi.

Come al solito, il primissimo consiglio che posso dare è quello di ascoltare e cogliere le emozioni in gioco. Il linguaggio dell'anziano può essere caratterizzato da alcune sostanziali differenze, dovute al tipo di istruzione e alla cultura dominante del suo periodo di primo sviluppo, che ne hanno permeato l'idioletto e il vocabolario. Alcuni termini pregiudizievoli o desueti saranno per lui normali, mentre in noi potrebbero far risuonare una gradevole sensazione. Parole recentemente diventate di uso comune potrebbero invece non essergli familiari o creare confusione. I timori delle vecchie generazioni potevano essere legati a concetti per noi alieni, e tali concetti si esprimono con parole chiave: conoscerle vuol dire sapere come indirizzare una conversazione confortevole e utile.

Una strategia utile è quella di lasciare una parvenza di decisionalità e comando all'anziano, il quale, per convenzione sociale, si aspetta di ricevere un certo grado di rispetto e anche di ubbidienza, a seconda del grado di confidenza che si ha con lui. Non ponetevi conflittualmente contro di lui se diffida dei farmaci che deve prendere, per esempio, ma contate su una comunicazione in cui fargli affermare delle preferenze e la capacità decisionale; chiedetegli piuttosto quale medicina prendere per prima, cosa vorrebbe dopo il farmaco, introducetegli la possibilità di decidere qualcosa di propria intenzione, anche se in maniera veicolata. Se è particolarmente orgoglioso, fate in modo che le mansioni raccomandate dai medici siano un lavoro da svolgere, diffidente compartecipate dei suoi dubbi e mostratevi collaborativi, sempre con lo stesso fine di far sì che si prenda cura della propria salute.

Ogni persona, poi, è più incline ad ascoltare e fare la propria parte se viene ascoltata e nota che riceve lo stesso trattamento.

PNL e linguaggio

La Programmazione Neuro-Linguistica è una disciplina che si presta ad affiancare un gran numero di attività, fornendo un valido sostegno nella vita di tutti i giorni, nei momenti difficili, nella propria professione ma soprattutto, come suggerisce la parte del nome stesso, "neuro-linguistica", nella comunicazione.

Alla base di questo studio c'è questa idea: abbiamo un linguaggio interno (simbolico e lessicale) attraverso il quale creiamo la nostra realtà, influenziamo il mondo intorno a noi, interagiamo con esso. Se utilizziamo immagini, simboli e parole giuste, se creiamo un'abitudine positiva, abbiamo più possibilità di successo nelle nostre imprese e una migliore attitudine per superare le difficoltà e le sconfitte, piccole o grandi che siano, per rimetterci in piedi e perseverare con una strategia più affilata e diretta ai nostri obbiettivi.

Alla parola "successo" attribuiamo un valore profondo che influenza il nostro subconscio, le nostre risposte neuronali, la nostra fisiologia, così come (in maniera contraria) facciamo con "fallimento".

Senza dilungarci in tecnicismi e termini propri delle neuroscienze, cerchiamo di capire questo principio che probabilmente avrai già intuito nella tua vita: la nostra scelta di parole influenza il nostro comportamento e di conseguenza, il modo in cui reagiamo agli stimoli, il modo in cui lavoriamo, mostriamo affetto e, soprattutto, il modo in cui comunichiamo.

C'è una correlazione tra linguaggio e qualità della vita, tra parole e successo. Oggi, per esempio, il training di un atleta olimpionico non può esulare da una forma mentale che stia al passo con quella fisica, in modo che la macchina (il corpo) potenziata con un allenamento mirato abbia un pilota (la mente) all'altezza delle prestazioni richieste. L'atleta deve essere convinto in ogni momento di poter ricreare la giusta attitudine mentale che lo porti a superare i suoi limiti; se non ci credesse lui per primo, non sarebbe un campione, e neanche un atleta, starebbe a casa come tutti gli altri. Per questo, e può sembrare una frase fatta, si parla di "campioni nel cuore", quelli che, a dispetto dei pronostici e delle sconfitte subite utilizzano una risorsa interiore che li convinca di essere invincibili e riescono in imprese epiche. Tempo dopo aver concluso il suo match più importante, il grande Mohammed Alì, nato Cassius

Clay, il più importante pugile che la storia ricordi, ha raccontato che quando affrontò George Foreman, si dovette convincere di poter battere l'atleta sostenuto dall'establishment politico di casa negli Stati Uniti. Mentre il pubblico dello Zaire gridava "Alì Bomaye!", lui si convince di essere un gigante. E come tale si comporta, sovrastando l'avversario e mandandolo al tappeto. Alì non era solo un pugile ma anche un abile stratega della comunicazione, coniando modi di dire che ne influenzassero il comportamento interiore. Poteva essere un gigante, o poteva "volare come una farfalla e pungere come un'ape". Chiunque conosca questo mito del ring, sa che il suo registro linguistico lo condizionava.

L'abilità mentale più importante è quella di poter ricreare le condizioni di successo, soprattutto quando si cade. Lo sanno bene gli allenatori che devono "riprendere" gli atleti che, dopo una sconfitta, cominciano a collezionare delusioni e rischiano di non riprendersi perché hanno perso fiducia in sé stessi.

Chi non cura il proprio linguaggio interiore finisce al tappeto due volte.

Adoro queste metafore sportive perché le persone tendono a separare gli aspetti mentali da quelli fisici, così come tendono a separare le attività immateriali come la comunicazione e il pensiero con le azioni tangibili come il lavoro. Scoprire che anche dietro a un'attività percepita quasi esclusivamente come corporale, come appunto le discipline sportive, dove si nascondono tantissime attenzioni di natura psicologica, può cambiare molte cose anche nella vita dei non-atleti. Per raggiungere prestazioni ottimali, nella vita come nel campo sportivo, bisogna essere convinti della propria capacità di gestire le proprie risorse e di poter eseguire sforzi mirati. Questa abilità però non è innata: va coltivata, e l'unico mezzo comune a tutti gli esseri umani che può funzionare in ogni situazione è il linguaggio interno. La programmazione neuro-linguistica ha un meritato successo proprio perché stimola le parole giuste e con queste i percorsi neuronali che consentono di muoverci verso lo sforzo corretto, la concentrazione, l'atteggiamento propositivo e proattivo.

PNL e la tecnica di "ancoraggio"

Vediamo come mettere in pratica la teoria alla base della PNL con un esercizio che consiglio a tutti e che non ha controindicazioni. Puoi farlo ogni volta che ti serve e crearne varianti personalizzate, l'importante è che ne capisci il meccanismo basilare.

Per poter essere sicuri di parlare in modo efficace sarebbe bene capire in che condizioni siamo capaci di dare il meglio. Non importa se queste condizioni sono relative all'ambito in cui dobbiamo lavorare, ma devi solo avere chiara quella sensazione di soddisfazione interiore. Per fare un esempio, pensa a una volta in cui ti sei sentito vincente, capace e sicuro di te. Non importa che si trattasse solo di una vittoria in un gioco, l'aver capito un passaggio complicato di un testo o il complimento per un motivo che può sembrare "futile": se hai pensato di sentirti bene con te stesso e di avere fiducia nelle tue capacità grazie a quel preciso episodio, usalo a tuo vantaggio. Una volta chiarito che tipo di sensazione vuoi rievocare a comando, vediamo ora come creare un "ancoraggio".

Pensa intensamente a quell'emozione e trova un oggetto fisico o un gesto da associarci. Nella tua mente, devi sentirti calmo e perfettamente conscio del fatto che quella sensazione la puoi provare ogni giorno. Convincitene, sii responsabile di questa realizzazione. Immagina la scena che ti porta questa soddisfazione con colori vividi, la visuale si allarga e diventa grande come uno schermo di un cinema. L'immagine di te che prova un assaggio di successo è enorme, la sua luce colorata di avvolge come un vestito e ora, con questa nuova immagine di te coperto di successo, trova qualcosa in cui racchiudere questo "potere". Per alcuni può essere un modo speciale di impugnare una matita, per altri stringere il pugno e aprire la mano in una sequenza precisa; puoi usare un oggetto speciale da incastrare nel portachiavi, da tenere in tasca, sulla scrivania o comunque sempre a portata di mano.

Adesso, fai una prova. Immagina una situazione di stress qualunque. Può essere un momento di difficoltà che sai si potrebbe presentare, una prova a cui devi presentarti come un colloquio di lavoro o un esame universitario, un discorso importante ma che richiede coraggio. Immagina quella sensazione e, per superare il disagio, trova il tuo ancoraggio. Di colpo, ti sentirai più sicuro e carico di quell'energia che hai immagazzinato.

Per migliorare ancora l'efficacia di questo esercizio, ti consiglio di concentrarci su più sensi contemporaneamente. Se usi un oggetto di ancoraggio, fai in modo che abbia un odore (magari infondendogliene un po' con del profumo o con un'essenza), una sensazione tattile particolare, un colore preciso o magari un che faccia un suono. Tutto ciò deve funzionare come un interruttore della sicurezza: da quando lo si è premuto in poi, si va avanti e si fa tutto quello che si deve per dare il meglio di sé stessi, come l'atleta in pista in attesa del segnale per iniziare la sua performance.

Smontare un problema comunicativo con una tecnica di PNL

Certi problemi non possono essere risolti in un unico blocco, sarebbe come pensare di finire la cena cercando di mandare giù interi i piatti, senza masticarli.

Parimenti, le funzioni linguistiche studiate dalla PNL si muovono per categorie semantiche che, per essere digerite, possono essere ridotte in porzioni più piccole. Faccio un esempio semplice: se parlo di problemi relativi ai "mezzi per viaggiare", posso intendere una gran quantità di cose. L'interlocutore potrebbe non avere ben chiaro cosa noi intendiamo, ma con un piccolo sforzo comunicativo potremmo iniziare in maniera meno vaga e permettere a chi ci sta ascoltando di capire che "c'è un problema con la macchina". Ma anche qui potrebbe permanere una mancanza comunicativa più che giustificata: "che parte della macchina ha un guasto?" "che tipo di macchina è?". E l'interlocutore, se non ha davanti a sé la macchina di cui stiamo parlando, potrebbe non sapere se, banalmente, il problema è che la macchina è stata rubata, smarrita, portata via col carro attrezzi…

Tante volte diamo per scontato che quello che stiamo dicendo è sufficientemente chiaro mentre invece mancano una serie di informazioni vitali alla rapida comprensione e risoluzione del nostro quesito. Parimenti, tante volte ci vengono forniti dei dati, ma rimaniamo spiazzati dalla risposta che vira verso altri tipi di informazione. Una volta ho chiesto indicazioni a una signora di un paesino in cui ero di passaggio, mi disse di andare "oltre il Ponte", ma mi insospettii perché non avevo visto nessun ponte. "Il Ponte" era un incrocio su cui anticamente c'era un ponticello, mi spiegò un altro interlocutore, il quale mi disse che dovevo solo andare più avanti, oltre la casa del dottor Bianco. Non so per quale motivo ogni abitante di quel paesino credesse che queste fossero informazioni universali, io associai "Bianco" del cognome alla possibilità che la casa fosse "bianca", ma anche lì, non vidi nessuna casa "bianca" o che potessi identificare come casa di un medico, e andai semplicemente avanti. Queste persone credevano di stare esprimendosi al meglio delle loro possibilità fornendomi pezzi di un codice comunicativo ristretto a un gruppo, come succede quando il medico nomina una patologia col suo nome scientifico, quando si va dal meccanico per un pezzo del motore che non avete idea di come sia fatto o della sua funzione, o quando il tecnico del computer nomina un programma o un'operazione che non siete assolutamente in grado di riconoscere. In quel caso, l'estrema precisione e puntualità del discorso, incentrato su un termine specialistico, manda in panne la conversazione ma in modo opposto a quello per cui si parla troppo genericamente di un "problema". Queste persone non possono semplicemente dire "fa male il pancino", "la macchina non parte", "il computer non va" quando interpellate.

Il caso dell'indicazione stradale corredata da termini poco chiari va superato semplicemente seguendo la traiettoria suggerita; il medico descrive il suo problema col suo lessico, ma a noi tocca comprendere cosa fare e cosa non fare per stare meglio; il pezzo della macchina o il programma del computer vanno cambiati, d'accordo, ci si dicano le conseguenze. La cultura personale di ognuno di noi non è completamente "esclusiva", quindi non sappiamo quali siano i limiti nozionistici degli altri e spesso diamo per scontato che tutti conoscano le parole che fanno parte del nostro vocabolario.

Questo vuol dire che ci sono "linguaggi dentro le lingue". C'è un punto, per generalizzazione o per approfondimento, che necessita di una competenza specifica.

La prima cosa da fare, per una comunicazione efficace, è capire il grado di precisione necessaria. Un passante che chiede la direzione di un punto cardinale si accontenterà di un gesto con l'indice, mentre non gli servirebbe a nulla sapere che il nord si trova oltre la scuola dove andavamo da bambini. Parimenti, i dati catastali della casa, che prevedono piano, numero   di interno, unità abitativa, particella, foglio, via o   piazza, città, provincia e Stato, non possono essere sbrigativamente liquidati con approssimazioni.

Come esercizio, immagina tre diversi livelli comunicativi su di un problema che devi esporre a qualcuno. Il primo, estremamente vago, riguarda il problema in sé (incomprensibile se non lo si conosce già), "Ho un problema che riguarda la comunicazione"; il secondo, estremamente dettagliato (ma in cui si pensa che il problema non sia mai quello proposto, ed è difficile trovare la somma di tutti questi fattori come un unico problema) "ho litigato con un impiegato dell'ufficio anagrafe di zona"; il terzo, quello intermedio, presenta in sé la soluzione a tutti i livelli: "devo comunicare il cambio di residenza".

Come noterai, sono tre diversi problemi, ma è uno solo. Allenati a capire che è così in ogni ambito e in ogni cosa, ma solo un giusto livello ti può permettere di trovare la soluzione nel minor tempo possibile.

La comunicazione assertiva deve orientarsi non solo al nocciolo della questione da discutere, ma anche al livello più consono di approfondimento necessario alla parte che trasmette il messaggio per farsi capire e alla parte ricevente per comprendere come partecipare in maniera proficua a quel dialogo e alle richieste che vi possono soggiacere.

Comunicazione Assertiva e PNL: una "parolina magica"

L'ancoraggio può essere fatto anche attraverso una parola chiave. Per esempio, in un controverso sceneggiato chiamato "Atypical", un ragazzo autistico deve imparare gli elementi di metalinguaggio che compongono la comunicazione tra umani e il suo amico gli insegna a mentire; per farlo, usa una parola con cui mascherare la tensione del dover dire una bugia: il termine "indubbiamente".

Questa semplificazione può funzionare su situazioni in cui "siamo presi in esame". Riconduciamo il pensiero cosciente alla capacità di fare qualcosa (in questo caso, rispondere in maniera convincente) e iniziamo la frase con la nostra "parola magica".

C'è un ricordo di diversi anni fa che mi fa sorridere: dovevo sostenere l'esame di semiotica e, per ricapitolare questo meccanismo, dicevo "perfetto!" appena il docente mi interpellava con una domanda. Alla terza volta, prima di darmi il voto, mi chiese come mai ripetessi "perfetto!" ogni volta. "È un modo di ripetermi mentalmente che è tutto a posto e mi dà il via per parlare, anziché bloccarmi a pensare troppo a lungo alla risposta."

Divertito, si mise a ridere e mi mise il voto: quella risposta aveva dato da pensare anche a lui che su "significato e significante" ci aveva basato una carriera.

Inner Talk

Il "Dialogo Interiore" è un potente strumento che ci permette di monitorare la nostra agitazione e di controllarla.

Contrariamente a quello che puoi pensare istintivamente, il dialogo interiore non è il "chiacchiericcio" che ti disturba e che ti fa perdere tempo. Al contrario, vuol dire indirizzare coscientemente verso una direzione precisa il tuo pensiero e utilizzare le parole che hai scelto per plasmare il tuo ambiente interiore. Quante volte non avresti voluto sentire quella "vocina interiore" che diceva cose come "non ce la puoi fare", "andrà malissimo", molto spesso con imprecazioni o termini scoraggianti? Non sarebbe meglio trattare la propria comunicazione interna come un momento per incoraggiarci e non come una pattumiera di improperi e paure?

Ebbene, più di uno specialista è convinto che, con la dovuta abitudine e familiarità, si può sostituire il dialogo negativo con un dialogo costruttivo.

La prima volta che sentii parlare di questa tecnica fu durante un corso di psicologia applicata alla gestione del personale. Pensai che questo esercizio fosse incredibilmente simile ad altre attività che mi erano state proposte anche in corsi di meditazione, mindfulness e gestione stress, ma in ogni corso veniva chiamato in maniera differente. Non importa che nome gli dai, l'importante è che pensi coscientemente a delle frasi incoraggianti da tenere pronte durante la giornata per prenderti cura di te e con cui fare leva sulla convinzione che puoi superare un ostacolo imprevisto.

Possiamo definirla come un'abilità interdisciplinare che utilizza un approccio "olistico" a un problema del mondo pratico. Immaginiamo una situazione piuttosto comune: siamo ad un colloquio di lavoro o a un esame, o una situazione in cui ci è richiesto di comunicare; siamo consapevoli del fatto che tale comunicazione possa essere vantaggiosa per noi, perciò abbiamo alte aspettative per questa interazione e sentiamo non poca pressione. A un certo punto ci sentiamo rivolgere una domanda a cui non eravamo preparati: sentiamo il panico serpeggiare. Qui dobbiamo trovare la nostra "ancora", fermarci per un solo secondo e, con un respiro profondo, portare l'attenzione alle parole che stiamo per dire. Evitiamo accuratamente le figure e la terminologia negative: niente "non", niente immagini di insuccesso. Partiamo da quello che sappiamo e non lasciamoci paralizzare dall'ansia di dover "rispondere la cosa giusta". L'unica alternativa che abbiamo è dire quello che sappiamo essere corretto per noi. Possiamo usare una parola di sicurezza, come il "perfetto" del paragrafo precedente, chiederci come stiamo e, importantissimo dettaglio, fare un bel respiro. Ho sentito questo consiglio in classi di difesa personale e di gestione stress, in corsi di meditazione e di psicologia: controllare il respiro vuol dire controllare la mente; controllare la mente vuol dire controllare parola e corpo. A quel punto siamo a cavallo. Ti basteranno pochi secondi, (due respiri profondi mentre ripeti la tua parola magica) e puoi "parlare a te stesso" dicendo che:

- "Ce la puoi fare"

- "Va tutto bene"

- "Sai cosa fare"

Ricorda che non sei in pericolo, è solo l'amigdala che si è attivata eccessivamente premendo un allarme che non ha motivo di suonare in quel momento. Supera quel chiacchiericcio mentale caotico e imponi le parole giuste per il tuo obbiettivo.

Qualcuno mi ha detto che non aveva trovato un grande beneficio nel Dialogo Interiore. Stupito, mi sono domandato quale fosse il problema, visto che io invece ne avevo tratto molti benefici. Alla fine, compresi cosa era accaduto. "No, non mi sono ripetuto le frasi" mi disse la persona che insisteva nel dire "con me certe cose non funzionano". Anziché ripetersi le affermazioni che la potevano portare al di là di questi limiti illusori, personali e arbitrari che si era imposta, avrebbe dovuto familiarizzare con l'esercizio, dedicandosi almeno qualche minuto al giorno, per rendere questo sistema di comunicazione interna una seconda natura.

Voglio darti un incentivo in più per provare a parlarti con più gentilezza: immagina che d'ora in poi puoi avere la possibilità di sentire dentro di te una voce, un coro intero che ti incita a portare a termine quello che devi fare. Non sarebbe meraviglioso sapere che tu sei sempre dalla tua parte?

Inner Talk e gli altri

Se prendi dimestichezza con l'Inner Talk ti accorgerai di una cosa: gli altri noteranno che rifletti su ciò che rispondi, dando l'idea che ti stiano a cuore le loro parole. Col tempo il processo di risposta sarà meno macchinoso, ma vedrai che noterai un risultato positivo man mano. Quando sentirai di dover rispondere in situazioni che normalmente ti avrebbero agitato, respirerai, penserai positivamente alla tua risposta parlando con calma e sorridendo. Questo può essere un ottimo punto a favore della comunicazione assertiva perché è importante far capire che non si sta prendendo sottogamba l'opinione di chi ci sta davanti né la nostra posizione nei loro confronti.

Il tuo obbiettivo è quello di fare dell'occasione di dialogo una collaborazione in cui far scorrere piacevolmente il giusto numero di parole necessarie a farsi capire e avere la soddisfazione di essere compresi.

PARTE II

LA COMUNICAZIONE OLTRE LE PAROLE

Possiamo iniziare dicendo che la stimolazione nervosa della comunicazione da persona a persona include diversi sensi: quello visivo (linguaggio non-verbale) quello auditivo (linguaggio para verbale) e infine i centri del linguaggio che decodificano e immagazzinano il messaggio in aree specifiche del cervello.

Analizziamo per ora il linguaggio oltre la "parola" propriamente detta: abbiamo il contesto para-verbale, in cui possiamo notare le diverse modalità di espressione dei fonemi con accenti, tono, talvolta (quando stressati) con suoni "striduli", balbuzie, parole tronche o un volume troppo alto o troppo basso, e poi il linguaggio non verbale, in cui troviamo la gestualità, la prossemica, la postura, le espressioni facciali e gli elementi visivi e fisici in generale.

Partiamo da un elemento fisiologicamente ancora misterioso e che sta alla base di tutti i nostri sforzi: il nostro cervello.

Neuroni specchio: sfatiamo qualche mito quando comunichiamo con chi sta male

Uno degli strumenti in nostro possesso sin dalla nascita sono i cosiddetti "neuroni specchio". Attorno a questi si è creata una certa attenzione che, quando ha travalicato il fraintendimento, ha rischiato di far confondere questa importante scoperta delle neuroscienze con una banale ciarlataneria. Chiariamo quindi da subito una cosa: no, non abbiamo una parte specifica del cervello adibita solo e soltanto all'empatia o a delle funzioni inerenti attività quali il giudizio di natura morale o etico. Questo sarebbe un grosso vicolo cieco evolutivo, inoltre le funzioni empatiche del comportamento vengono indirizzate anche a seconda di fattori appresi culturalmente perciò non esiste una maniera "corretta" o "naturale" di vivere le emozioni. Anzi, più guardiamo alle analisi della nostra materia grigia più ci rendiamo conto che non esiste un semplice "interruttore materiale" con dei tasti da premere.

Le emozioni sono più complesse di così, perciò il primo consiglio che ti posso dare, partendo da questa nozione molto avanzata, è quello di non darle per scontate, né di sottovalutare la loro comprensione e soprattutto la loro funzione e la capacità di cambiarle. Il falso mito della comprensione della natura fisiologica-materiale delle emozioni è alla base di un Bias molto diffuso per cui tanti si improvvisano counselor e pretendono di dare consigli, spesso non richiesti, a chi ha un problema. È un po' come quando una persona sta male, qualcuno gli chiede "che hai", quello risponde "sono depresso" o "sono triste" e l'altro gli propone una soluzione "geniale": "beh, non esserlo". Se fosse davvero così facile comandare il flusso della nostra emotività non avremmo bisogno di imparare a gestirla (cosa che mi stupisco sempre non faccia parte dei programmi scolastici, per esempio) e purtroppo l'interpretazione errata di una certa letteratura scientifica ha diffuso o rafforzato questo tipo di stereotipo a discapito di un confronto che prendesse sul serio la sofferenza altrui.

Non essere mai il tipo di persona che dice a chi soffre "non soffrire": oltre a mostrare una grande indifferenza verso i suoi problemi, tale atteggiamento ne può aggravare la condizione facendo intendere che sia sua responsabilità esclusiva, quando ci sono molti casi in cui è più che lecito non sentirsi "bene".

Un atteggiamento più intelligente prevederebbe di passare attraverso la **simpatia**, per esempio dicendo: "non so quanto tu stia male, ma anche io sono stato triste qualche volta", usando **l'empatia** con frasi del tipo: "mi spiace che tu stia male" e facendo leva sulla **compassione** con espressioni quali: "non è giusto che tu ti senta infelice, c'è qualcosa che posso fare per te?".

Attenzione! Questo non è un invito a farsi carico di ogni infelicità del mondo o di provare a risolvere i problemi altrui accantonando i propri: non commettere l'errore di diventare una "crocerossina" o di improvvisarti esperto di terapie, perché questo è il modo migliore per farsi venire un esaurimento nervoso (o di provocarlo). Cerca semplicemente di portare la coscienza dell'altro verso la possibilità di una soluzione (che non deve consumarci) o, per lo meno, dargli un minuto di sollievo.

Ricorda che la depressione (e altri stati mentali patologici) richiedono un aiuto medico e che non c'è nulla di male nel richiederlo: dallo psicanalista non vanno "i matti" ma, dato che tutti abbiamo problemi, sono le persone che vogliono risolverli a cercare il giusto aiuto.

Neuroni specchio, linguaggio e capacità di apprendimento

Ma allora, questi famigerati neuroni specchio a che servono?

La loro funzione è fondamentale per la complessità delle interazioni a cui è predisposto l'*homo sapiens sapiens* che vive coi suoi simili: servono a imparare. Questo gruppo nervoso si attiva quando osserviamo qualcuno fare un'operazione, permettendoci di immagazzinare nozioni, emulare i gesti, predisporci all'imitazione. In una parola, servono a **imparare**. La cosa singolare è che i primati hanno sviluppato una particolare abilità nell'imitare i loro simili e che a volte basta uno sguardo per capire come ripetere qualcosa.

Anzitutto, comprendiamo che questa classe di neuroni si attiva involontariamente quando riceviamo lo stimolo giusto. Non imitiamo, per esempio, la pioggia che cade o il treno che passa (anche se possiamo concettualizzarne delle funzioni e crearne una rappresentazione simbolica con il corpo, come si fa in certi giochi infantili); imitiamo i nostri simili e lo facciamo da che siamo in grado di vedere poco dopo la nascita. Quando la coordinazione muscolare degli occhi del bambino è sufficiente a indirizzarsi, questi si concentra specialmente sul viso di chi gli sta davanti e ne imita i processi espressivi.

Successivamente, quando prende confidenza con la manualità, il bambino proverà tutti gli altri gesti che vede fare agli adulti, anche se non ne comprende a pieno il senso. Per questo, nel metodo montessoriano, per esempio, si consiglia di far fare esercizio con attività di vita pratica adattate, in modo da consolidare schemi d'apprendimento duraturi applicabili a tutti gli ambiti della vita dell'adulto in costruzione.

La lingua non è una funzione "innata" nel neonato, è innata piuttosto la capacità di apprendere i fonemi e di sperimentarli. Anche la lingua, insomma va appresa per imitazione, e con essa tutto il contorno di comunicazione para verbale e non verbale.

I tentativi di espressione che fa il bambino sono un chiaro esempio di esercizio linguistico a cui i genitori e gli insegnati forniranno l'adeguato supporto, mentre gli elementi gestuali ed espressivi sono un retaggio culturale che passa per osservazione e sono spesso tanto incasellati nelle consuetudini di un gruppo da passare quasi inosservate fino a non doverle spiegare a uno straniero che non vi è abituato. Fateci caso: avete passato anni della vostra infanzia ad apprendere parole, sintassi e grammatica, ma vi sono stati chiariti pochissimi gesti fisici che partecipano al vostro linguaggio. Eppure, come dicevamo all'inizio di questo libro, questi compongono più della metà della nostra comunicazione: passano quindi in secondo piano perché appresi involontariamente attraverso l'attività dei neuroni a specchio.

I neuroni specchio però non si "spengono" finita l'età dell'apprendimento. Per inciso, l'idea che l'individuo impari solo durante un certo lasso di tempo della propria vita è un concetto falso e per nulla realistico: si impara sempre e continuamente e la permanenza dell'attività di questo gruppo neuronale ne è la prova.

Come usare i neuroni specchio durante un'interazione? Osservate il vostro interlocutore e sorridete. Lasciate che prenda la sua posizione più comoda e imitatela nei limiti del possibile. Si è notato che le persone sono più ben disposte quando si trovano davanti un interlocutore che assume una posizione simile. Trovarci "a specchio" riduce eventuali distanze (cosa che potrebbe sottilmente non essere gradita a chi cerca una interazione gerarchica, come tra un capo e un sottoposto) e in generale dimostra apertura e un metaforico riconoscimento dei medesimi punti di vista.

Ti propongo un esercizio che si basa sulla stimolazione dei neuroni specchio: prova a imitare la postura di chi ti sta di fronte, magari facendo esercizio con un familiare o un amico, e cerca di seguirne le evoluzioni mentre ti parla.

Prova anche a notare quando qualcuno si pone in una posa simile o uguale alla tua quando state parlando. Noterai che più siete d'accordo con quanto si sta dicendo più ci sarà coordinazione e sincronicità nei gesti: bere allo stesso tempo, cambiare posizione nello stesso momento, ravvivarsi una ciocca di capelli quasi simultaneamente sono segni (che possiamo anche dare volontariamente) di intesa e complicità.

Entanglement: somiglianze inconsce

Se ci pensiamo bene, anche un processo meno noto al grande pubblico, chiamato "entanglement", è rappresentativo di come alcuni processi inconsci partecipino alla nostra comunicazione non verbale: quando frequentiamo molto una persona, sia essa un amico o un partner, la gente tenderà a dire che "ci somigliamo". Abbiamo davvero modificato i nostri tratti somatici?

No. Più verosimilmente, col passare del tempo avremo influenzato vicendevolmente alcuni modi di fare, di esprimerci e, perché no, di vestirci: nel notare queste similitudini comportamentali, chi ci conosce può arrivare a supporre parentele inesistenti. Le manifestazioni fisiche di quel codice comunicativo, più che dalle parole, passano attraverso le mani, la postura e le espressioni facciali tipiche del nostro gruppo. Vediamole nel dettaglio.

Le mani

La gestualità è uno dei tratti tipici dell'espressività italiana, tanto da indurre l'artista Bruno Munari a creare un libro chiamato "Supplemento al dizionario italiano" in cui si raccoglievano diversi modi di muovere mani e dita. Per quanto questo tratto caratteristico del nostro linguaggio possa essere considerato "bizzarro" presso altri paesi, in realtà è comune a tutti i popoli e culture, ma ciascuna ha il proprio "dizionario gestuale".

Prendiamo un gesto molto semplice come il "pollice in su": nella maggior parte dei paesi, quando non è usato per fare autostop, alzare il pollice vuol dire "va tutto bene, a posto così!" ma in alcuni (Thailandia, Iran, Iraq, Grecia, Australia e Israele) può essere un gesto molto sgarbato simile al nostro "dito medio" alzato. Similmente, unire le punte di pollice e indice lasciando le altre dita aperte può voler dire "Ok! Alla grande!", ma in altre culture può essere un gesto molto scurrile e provocatorio. Fare il gesto dei corni può essere considerato un insulto, uno scongiuro o, durante concerti rock, un saluto.

Schioccare le dita non è per forza un segno di nervosismo o di aggressività, anzi: può essere un gesto di ricerca di attenzione o di autogratificazione con cui si cerca di calmarsi.

Tirarsi le dita, torcendole, o un lobo di un orecchio può essere un segnale di indecisione, insicurezza infantile.

Tormentandosi barba e capelli l'interlocutore ci mostra

nervosismo, ma può essere dettato anche da attrazione se accompagnato da un atteggiamento positivo.

Se è vero che alcuni movimenti sono tipici dell'intercalare fisico italiano, come le "dita a pigna" per dire "ma che vuoi?" ce ne sono alcuni universali come: indicare, fare il "gesto della cornetta" per invitare a sentirsi per telefono con la mano chiusa a eccezione di pollice e mignolo, fare "alt" con la mano aperta e le dita unite verso la persona che avanza, portare l'indice alle labbra per intimare il silenzio e molti altri ancora.

Quello che ci interessa, è "come" questa gestualità può sottolineare stati d'animo che vorremmo tenere a bada, come agitazione, insicurezza, chiusura e altro.

Gesti veloci con le dita

C'è chi usa i movimenti delle dita come interpunzione, quasi come se stesse mettendo punti fermi e virgole al proprio discorso. La persona di fronte a noi sta cercando di sottolineare i concetti che esprime, probabilmente dopo aver mandato a memoria tutta una serie di affermazioni studiate precedentemente. Niente di male, anzi: possiamo anche noi usare alcuni gesti per riportare alla mente una frase importante o un passaggio del discorso che dobbiamo fare.

Il problema giunge quando mani, piedi, dita e occhi sembrano andare ognuno per conto proprio in una sorta di "cacofonia non verbale": se è vero che più della metà della comunicazione avviene tramite elementi gestuali, provate a pensare a cosa sta dicendo un interlocutore che spara gesti a caso, senza apparente controllo.

Tra questi gesti incontrollati ci sono: mani che oscillano o girano facendo perno col polso; dita che tamburellano una superficie reale o immaginaria, battiti di suole per terra o di mani tra loro e/o altre parti del corpo; dita che grattano il capo, il naso, tappano gli occhi, la bocca o le orecchie; unghie che tormentano gli orli dei vestiti o le punte delle dita; giunture che scrocchiano; occhi che cambiano spesso orientamento e vagano rapidamente da un punto a un altro del campo visivo; braccia raccolte sul fianco col gomito piegato in un atteggiamento di incerta difesa. Tra le espressioni facciali che sottolineano la preoccupazione per quello che si sta dicendo (e la paura di non esser presi sul serio) ci sono: sopracciglia alzate e/o aggrottate; labbra serrate e respiro sibilante tra i denti come se si facesse fatica a prendere fiato; muscoli della testa che portano orecchie e linea dei capelli all'indietro in una espressione di allarme; mordersi le labbra o la lingua.

Se vediamo che il nostro interlocutore ha un atteggiamento simile con uno o più di questi segnali, cerchiamo semplicemente di calmarlo aspettando il nostro turno per poter parlare (o il momento migliore in cui porre una domanda) tenendo le mani intrecciate sull'addome per poi aprirle non appena parleremo con un sorriso leggero e cercando il contatto visivo.

Se invece ci rendiamo conto di essere propensi a muoverci eccessivamente, ad esempio se ci viene fatto notare da un amico o da un collega, proviamo a capire come rilassare la postura e creare una struttura solida, ricordandoci di respirare profondamente per evitare di muoverci a scatti e di controllare la mente.

"Schiena dritta!"

Comunicare stabilità o sicurezza con la postura richiede un atteggiamento o rilassato ma attento o una impostazione della schiena rigida, marziale.

Le spalle che vanno verso la testa sono proprie di chi cerca di mettersi nel proprio guscio come farebbe una tartaruga, una posizione difensiva in cui coprire il collo. La tensione della schiena, molto spesso indica un "sovraccarico emotivo", come se la persona si fosse presa troppi pesi metaforici sulle spalle, così come l'atteggiamento ingobbito sarebbe accentuato, in assenza di patologie posturali, da malinconia e depressione. Senza dare credito a inverosimili chiacchiere pressapochiste, è purtroppo un dato di fatto che la schiena, come altre parti del corpo, possa soffrire di riflessi psicosomatici dovuti a problemi interni alla persona, e che questi siano delle non ben celate richieste d'aiuto.

Ogni tanto, controllate la vostra postura e chiedetevi se può essere indice di qualcosa di "sbagliato" che state evitando di osservare, viceversa, controllate che il vostro interlocutore non si sia irrigidito immotivatamente o che non si sia "afflosciato", magari demoralizzato da qualcosa che stavate discutendo.

Postura "ostile"

A proposito di chiusura, nulla più di una postura con le braccia incrociate davanti al petto, gambe accavallate e schiena lievemente piegata, può sottolineare come la reale intenzione dell'interlocutore sia quella di voler "chiudere" la discussione perché non si è per nulla d'accordo o per niente interessati con quanto si sta dicendo. Tale forma di nervosismo può essere accentuata da un'espressione di vaga ostilità, tenendo la testa lievemente inclinata in avanti, col mento orientato verso la gola, posizione che costringe lo sguardo a passare da sotto l'arco sopraccigliare: è una posizione di combattimento naturale in cui proteggere la gola, offrire meno superficie di contatto con l'occhio. Questo non vuol dire che siete "in pericolo" ma che la persona di fronte a voi nutre dell'avversione per quello che state dicendo, per esempio, non vuole essere "costretto" a fare quello che state consigliando di fare, sia che siate un medico che consiglia una dieta oppure un idraulico intento a riparare una perdita e presentare il conto. La persona in atteggiamento chiuso e aggressivo vuole una soluzione al suo problema e quella che si presenta sul momento non gli è gradita, per esempio. In questi casi, provate a indicare delle alternative e dare una scelta:

essere assertivi vuol dire anche comunicare col prossimo razionalmente, facendo capire che non stiamo imponendo condizioni in maniera tirannica. Non copiate l'atteggiamento chiuso, offrite invece braccia aperte, viso sereno, offrite quello che potete e indirizzate la vostra energia andando "ai fianchi", evitando cioè di piazzarvi davanti in una posizione che potrebbe sembrare di sfida. Se non vi interessa un conflitto, agite di conseguenza: ricordate che volete ricondurre la discussione a un tono pacifico e razionale e il vostro corpo dovrà agire di conseguenza.

Il viso e le sue espressioni

Come abbiamo detto poco sopra, le espressioni facciali sono tra i primissimi segnali di interesse che il neonato assimila e che ripropone.

Decenni di studi antropologici hanno evidenziato delle espressioni che sono comuni più o meno a tutti gli esseri umani del pianeta. Bocca e occhi spalancati possono esprimere orrore, terrore, shock, le sensazioni che richiedono forti segnali visivi e auditivi per mostrare ai propri simili che c'è un pericolo e dare l'allarme. Mostrare i denti con gli occhi ben aperti e le sopracciglia aggrottate e indurite corrugando i muscoli della parte superiore del capo indicano aggressività, capacità combattiva e un potenziale scontro. Al contrario, pur mantenendo i denti visibili e la bocca aperta, mantenendo i muscoli della sommità del capo e della fronte rilassati si indica divertimento, rilassatezza. Il sorriso è uno degli strumenti comunicativi più potenti, non c'è minaccia peggiore di quella proferita mantenendo un sorriso finto e non c'è gioia migliore di quella che viene espressa con un sorriso sincero[4]. Il "sorriso finto" è riconoscibile per la fissità dello sguardo mentre si contraggono le labbra. Gli occhi socchiusi, l'espressione corrucciata e la contrazione delle labbra in espressione detta "broncio" sono i segnali universali di tristezza e malessere. Ma ci sono altre attività inerenti al viso che possiamo ascrivere a dei codici che sembrano innati nella nostra natura comunicativa di base.

Proviamo a prestare particolare attenzione ai segnali visivi del volto dell'interlocutore che riportiamo qui di seguito:

- Arrossire: può indicare l'arrivo improvviso di una forte emozione, se accompagnata da un sorriso, da un cambio repentino di espressione, ad esempio con la bocca aperta, può voler dire stupore, ma attenzione: se la persona evita il contatto visivo e cerca istintivamente di direzionarsi verso una "via di fuga" come una porta può anche essere un segnale di disagio.

- Sporgere il viso in avanti, andare avanti col collo e la testa: indica interesse.

---

[4] Parleremo in maniera più approfondita delle funzioni del sorriso nella comunicazione assertiva nella prossima parte del libro.

- Muovere la testa: anche se la persona sta dicendo qualcosa di affermativo, fate attenzione se scuote la testa come a dire di no. Viceversa, fare di sì ma dire cose come "no, certo" indica che la persona intende il contrario di quanto detto. Se segue i nostri movimenti è interessato e generalmente d'accordo con quanto stiamo dicendo.

- Mani sul viso: ci sono diversi modi di far interagire le mani e il viso, talvolta per nascondere gli occhi (può indicare un senso di vergogna), sottolineare disagio o il tentativo di "soffocare" un'emozione, di escludere un senso specifico e "allontanare" simbolicamente delle parole, degli odori (immaginari per lo più) o un'immagine che non si ha il coraggio di affrontare per avversione, disgusto o dolore.

- Toccarsi il mento può sembrare un segnale di interesse, ma il più delle volte tale interesse è costruito. Il nostro interlocutore sta in realtà pensando più alla risposta o a un cambio di argomento e la sua attenzione è al limite, soprattutto se accompagnata da una "maschera immobile".

- La "maschera" immobile: un segnale ambiguo che molto spesso indica la volontà di interrompere la conversazione, non per forza per avversione nei nostri confronti, o l'incapacità di rispondere correttamente o in modo pertinente ad una domanda. Se accompagnata da un lieve innalzamento delle sopracciglia (o di un solo sopracciglio) può mostrare costernazione, rassegnazione e non è strano che la persona con cui stiamo parlando non abbia soluzioni per l'argomento in esame.

-   Toccarsi il naso: non è un caso se pinocchio aveva un problema con questa parte del viso. Il naso prude, si arrossa, viene coperto quando la persona davanti a noi non è convinta di ciò che dice o sta proprio mentendo. In molte culture si tocca il naso in un gesto che, al contrario degli impulsi improvvisi e incontrollati del bugiardo, sono volontari e indicano complicità nell'aver scoperto qualcosa.

-   Sudorazione eccessiva: nervosismo e agitazione hanno un curioso effetto collaterale sul nervo vago, sul sistema parasimpatico e sull'epidermide. Se vediamo il viso arrossarsi e iniziano a comparire segni di sudore, la persona ha un forte disagio, sottolineato talvolta dal gesto di allargarsi il collo della camicia come se si sentisse soffocare, come se lo stessero "prendendo per il collo".

-   Deglutizione visibile: come visto per gli effetti secondari dell'attivazione del sistema parasimpatico, insieme ad altri segnali quali aumento del battito cardiaco e ad una inspirazione accentuala che termina in uno sbuffo, chi "ingoia a vuoto" sta nascondendo qualcosa e manifesta così la paura di essere scoperto.

Contatto visivo

La capacità di mantenere un contatto visivo con l'interlocutore dice molto sul tipo di relazione in corso. Chi evita il vostro sguardo non sempre lo fa perché "nasconde qualcosa". Possono sussistere diverse motivazioni, una tra le quali è che non si riesce a sostenere una conversazione in quel momento, banalmente perché non ci si sente bene o a proprio agio con l'argomento di discussione. Per fare un esempio che può sembrare poco serio, se una persona deve andare in bagno o prova un imbarazzo fisico, eviterà il contatto visivo per quel motivo. Anche la soggezione fisica può indurre un atteggiamento schivo: chi si sente minacciato o non riesce a "reggere il confronto" con qualcuno non lo vuole guardare troppo e non vuole essere guardato, come se evitasse di farsi mettere a paragone. È il caso di chi soffre per esempio di complessi di inferiorità sulla propria altezza, sulla forma fisica, talvolta anche sull'accettazione di età, traumi o altre problematiche; chi si sente attratto da una persona ma, per un pattern comportamentale pessimista pensa in modo negativo e non crede (o sa) di non avere chance, in presenza del suo oggetto di desiderio può avere una comunicazione non verbale caotica dettata dalla volontà di avvicinarsi subito redarguita dalla necessità di "castigarsi" e ritirarsi per paura del rifiuto manifesto. Un profiler dell'FBI notò che quando una persona particolarmente insicura cerca di "fare colpo" su qualcuno, in sua presenza di quella persona non riesce a focalizzare lo sguardo su di un solo punto.

Se qualcuno fissa la porta vuole "scappare" dal disagio, se si guarda le mani giunte sta "raccogliendosi", se tappa gli occhi, anche parzialmente, sta cercando di non vedere qualcosa di scomodo, mentre se ogni tanto rivolge lo sguardo verso l'alto può essere spazientito o cercare una risorsa in particolare.

Stando ad alcune scuole di studi comportamentali, quando un destrimano guarda in alto a destra mentre racconta un fatto sta mentendo per un riflesso in cui, attivandosi alcune aree del cervello, sta letteralmente attingendo alla zona della creatività per inventare di sana pianta qualcosa che sembri convincente. Al contrario, per esempio nella ricostruzione di un incidente, chi "rivive" l'episodio guarda in alto a sinistra e c'è caso che mimi alcuni gesti di quel momento col corpo.

Per quanto vi concerne, il contatto visivo andrebbe mantenuto senza "fissare", trovando la giusta distanza nel rispetto degli spazi personali.

Per dettare delle condizioni avete bisogno di parlare con chiarezza, limitare la gestualità e puntare al contatto visivo del vostro interlocutore. In breve, chi cerca il contatto visivo porta sicurezza nel dialogo, chi lo rifugge lo vorrebbe sospendere o concludere, oppure non ha le idee chiare su come reagire.

Lo spazio personale

Per considerare un confine "fisico" della nostra persona, ci basterà pensare alla rappresentazione dell'Uomo Vitruviano di Leonardo Da Vinci. Quella sfera in cui sono inscritte le varie linee del corpo, i suoi vettoriali fisici e i suoi angoli, è lo spazio personale di ciascuno. Talvolta lo dobbiamo sacrificare in parte, quando per esempio condividiamo un'area ristretta come quella dei sedili di un autobus o di un treno, altre volte ci sembra di sentire, un solletico che non sappiamo identificare, dovuto alla sensazione che ci ha dato il fatto che qualcuno stesse camminando nella nostra stessa direzione ma dietro di noi: percepire qualcuno che entra (o che potrebbe entrare) nel nostro spazio vitale ci turba sottilmente.

Nei corsi di difesa personale più realistici e razionali non si impara a combattere come dei novelli Bruce Lee, ma a riconoscere i vari segnali di pericolo e, tra questi, c'è il comportamento ambiguo o aggressivo che ancora non è sfociato nell'aggressione vera e propria, ma semplice-mente ha interessato lo spazio intorno a noi. Nei corsi migliori si impara non tanto a colpire, quanto piuttosto a riconoscere questi segnali e agire prima di essere compromessi davvero, evitando lo scontro. Lasciar entrare qualcuno nel nostro spazio vitale è un gesto molto intimo, quando fatto con intenzione. La fila alle poste, la ressa davanti al bancone di un bar nell'ora di punta e altre occasioni simili sono momenti in cui tale percezione viene sospesa per convenzione sociale, ma quando state interagendo con qualcuno in un ambiente neutro, fate caso alla possibile vicinanza o lontananza. Che qualcuno vi permetta di "entrare" nel proprio spazio non vuol dire per forza che provi attrazione fisica, sentimentale o erotica per voi, ma che si fidi di voi.

La prossemica e le distanze

La disciplina semiologica che studia il modo in cui si occupa lo spazio e vi si interagisce in relazione agli altri umani è chiamata prossemica. Oltre che studiare la comunicazione non verbale attraverso la gestualità e la postura, tale disciplina si interessa anche delle distanze che mettiamo intorno a noi e di come queste siano relative ai soggetti che percepiamo nella medesima area. Come stavamo dicendo prima, il modo in cui una persona ci permette o meno di entrare nel suo spazio vitale dice molto sul grado di fiducia e confidenza che questi ripone verso di noi.

Che tu ci creda o no, tali distanze sono state misurate. Tra due persone in intimità la distanza "concessa" da ambo le parti sarà da 0 a 50 cm. È la distanza dei fidanzati, degli amanti e degli sposi. Solitamente accogliamo i nostri amici entro una distanza che va dai 50 cm a un metro e venti circa. La distanza sociale accettata tra conoscenti occasionali e interazioni di tipo istituzionale ha un raggio che parte da una distanza di un metro e venti a cinque metri. Le interazioni con sconosciuti richiedono una distanza sociale che va dai tre ai cinque metri.

Tali distanze sono anche dettate da norme culturali, per cui in certi paesi d'Europa si terranno delle distanze che non sono applicabili ai paesi in cui vigono regole di divisione in caste; durante le vacanze la distanza fisica aumenta e le persone tendono ad ampliare il proprio spazio vitale, ma anche la luce fa la sua parte, considerando che al buio si tende a ridurre la distanza pubblica. Anche l'orientamento della persona con cui interloquire può cambiare a seconda di alcuni fattori, per esempio preferendo di avere l'interlocutore al proprio fianco (soprattutto per gli uomini) o di fronte (per le donne).

La violazione dello spazio vitale può suscitare reazioni negative. Solitamente chi "tocca" mentre parla sta manifestando nervosismo, aggressività, magari non diretta contro la persona con cui sta parlando ma verso l'oggetto della discussione. Solitamente chi interferisce in questo modo tocca la spalla o il braccio dell'interpellato come se volesse assicurarsi di ricevere la sua attenzione; diventa aggressivo quando tocca collo, testa, viso, supplicante quando cerca elementi come pelucchi da togliere dal vestito. Evitate sempre di toccare la persona con cui state parlando: è considerato un gesto poco educato e in generale sgradevole per la maggior parte delle culture, e non depone assolutamente a favore della nostra comunicazione. Se vogliamo mantenerci saldamente ai principi della comunicazione assertiva, ricordiamoci anche nell'occupare lo spazio pubblico di offrire e richiedere rispetto, di difendere i nostri diritti, di fare i nostri interessi e di mantenere la nostra autonomia.

Consolidare l'Inner Talk col linguaggio non verbale

Chiariamo questo punto: nella comunicazione diretta, ma anche nella scrittura o nel canto, compartecipano un gran numero di attività volontarie, dal pensiero alla coordinazione muscolare, in cui emergono anche dei fattori involontari para verbali e non verbali. Per la comunicazione assertiva è importante fornire le nostre informazioni e il nostro punto di vista in maniera chiara, sicura e rassicurante, il che significa che quei fattori involontari possono ritorcersi contro le nostre intenzioni originarie. È un po' il caso di una persona che appare agitata, suda, ha una voce strozzata e parla velocemente "mangiandosi" le parole, che per un disagio comunicativo non è in grado di avvalorare la propria tesi ma anzi, sembra che stia "nascondendo qualcosa" o rischia di rendere la propria proposta (e di conseguenza, il proprio servizio) noioso o inutile. Nei film polizieschi il personaggio con queste caratteristiche, di solito il primo indiziato che è sì colpevole ma non del crimine narrato nella fiction, si tradisce proprio con un atteggiamento emotivo, incontrollato e caotico, per poi contraddirsi con le sue stesse parole.

In termini di efficacia comunicativa, "agitarsi", agli occhi dell'interlocutore equivale a "contraddirsi".

Anche un atteggiamento troppo "passivo" rischia di far trapelare emozioni negative e controproducenti per la nostra intenzione.

Vi sarà capitato di vedere almeno un insegnante che, non avendo voglia quel giorno di spiegare la lezione, stentava ad arrivare alla fine di quell'ora. Voce monocorde, piatta, spesso accompagnata dalla lettura forzata di un brano. Il risultato? Quell'argomento o perfino quella intera materia, restano ostili alla classe "vittima" di una esposizione priva di convinzione, fino all'età adulta[5]. Ora, immaginando che stia a noi prenderci l'onere di parlare e spiegare la validità delle nostre motivazioni, possiamo attingere alla risorsa dell'Inner Talk, consolidare il nostro centro di sicurezza, ancorarci ed esporre in maniera schematica semplicemente partendo da un principio, portando alla luce i fatti salienti nello svolgimento del discorso e concludendo in modo esaustivo. Partiamo convinti della validità di quello che diciamo e che proponiamo, e se non siamo sicuri al cento per cento siamo pronti a utilizzare

---

[5] Fateci caso: se parlate alla maggior parte degli italiani de "I Promessi Sposi" di Manzoni, romanzo fondante della cultura italica, molti diranno di averlo studiato di malavoglia a scuola e di non sapere con chiarezza di cosa tratti, ma tutti ricordano il professore reo di non averlo saputo spiegare.

la nostra intelligenza emotiva per arrivare a una soluzione che accontenti il più possibile tutti quanti.

Il tutto, sottolineando il principio cercando l'attenzione dei partecipanti al dialogo con il contatto visivo e lasciando le mani in un atteggiamento neutro, poi svolgendo il discorso sottolineando i punti centrali con un gesto breve e deciso, per concludere "chiudendo" il discorso sia con le parole che con la gestualità e la postura.

Iniziamo capendo quali sono i punti fermi del nostro discorso, ciò ci infonderà un'aura di sicurezza in quello che stiamo per esprimere: se siamo chiamati a dire qualcosa su di un argomento è perché ne siamo capaci e siamo competenti. Parlare in pubblico per molti è un incubo che si realizza, ma in realtà questo timore nasconde altre preoccupazioni: crediamo troppo spesso di non essere all'altezza della situazione o che il nostro interlocutore "ci darà un voto". Siate propositivi: mentre dite cose come "Sapete cosa ho trovato molto interessante?" "Avete mai sentito parlare di...?" controllate la vostra gestualità stando fermi, dritti, le mani composte strette tra loro (senza eccessivo sforzo) o dietro la schiena in atteggiamento rilassato, per poi aprirle in atteggiamento amichevole quando chiamate in causa l'attenzione del vostro pubblico e lo "invitate" a seguire il vostro ragionamento.

Come potete fare tutto questo? Anzitutto: respirate. Respirate naturalmente, rilassando il diaframma e l'addome e portando l'aria nei polmoni e poi fuori con le vostre parole. Per potervi esprimere con tono deciso e calmo articolate bene le sillabe aprendo bene la mandibola, lasciandola rilassata. Completiamo questo meccanismo con un piccolo escamotage: usate frasi brevi. Se ne avete l'occasione, studiate il vostro discorso perché ogni periodo sia composto di massimo quattordici parole, evitando di interrompere le frasi, ma anche le proposizioni subordinate a catena, gli slanci retorici, le perifrasi e le metafore troppo azzardate. Siate chiari, state parlando con altri esseri umani; siate diretti, meglio finire un minuto prima del tempo concesso che lasciare il discorso incompleto e a metà. Quando elencate qualcosa, potete usare le dita per sottolineare che state affrontando il primo, il secondo o il terzo punto del vostro intervento.

PARTE III

LA PRATICA QUOTIDIANA DELLA COMUNICAZIONE ASSERTIVA

Tutto quello che abbiamo imparato da qui in avanti può essere usato quotidianamente non solo come metodo per migliorare le nostre performance lavorative o per aumentare il grado di sicurezza in noi stessi quando ci approcciamo a qualcuno. Il nostro scopo ultimo è quello di cambiare radicalmente i comportamenti negativi e di strutturare un linguaggio che non sia solo "gradevole" o efficacie con gli altri, ma che sia un supporto per la vita quotidiana, un pilastro della nostra identità con cui poter gestire le nostre emozioni interne e migliorare le relazioni con gli altri.

Optare per la comunicazione assertiva vuol dire poter attingere in ogni istante ad una risorsa che rende le nostre interazioni più dirette, senza ostacoli emotivi e basandole su cooperazione e rispetto. È come un superpotere in cui si usano l'empatia, la gentilezza (verso sé stessi, in primis) e l'ottimismo per dominare le proprie incertezze e far valere il proprio punto di vista con calma e intelligenza. Non sarebbe meraviglioso vivere sempre così?

A proposito dell'ottimismo

Qualcuno pensa che un pessimista non è altro se non un ottimista esperto. Sbagliato. L'ottimismo si ottiene quando si superano la disillusione e la frustrazione per le situazioni negative passate. Vivere di amarezze non è sostenibile e non è realistico, perché la vita non è un evento che cambierà a seconda di quanto ci sentiamo fortunati o sfortunati. La vita cambia quando sappiamo godere di quel che abbiamo e siamo convinti di poter trovare soddisfazione nonostante le giornate brutte e coltivando quelle belle.

A questo punto potresti pensare che io stia parlando per frasi sdolcinate trovate in qualche confezione di cioccolatini, il genere di informazione pseudo-spirituale e consolatoria per chi cerca un po' di conforto nei dolci… e invece traggo questo insegnamento da uno degli ambienti più competitivi e legati al pragmatismo che si possano trovare nella cultura contemporanea: sto parlando del settore delle vendite di assicurazioni.

Negli ultimi decenni si è osservato che questo segmento della finanza è uno dei più difficili; non esiste una statistica fissa, esistono diversi dati ma tutti sono concordi nel constatare che il rapporto tra polizza assicurativa proposta e vendita finalizzata è veramente esiguo. Vendere una polizza assicurativa, oggigiorno, è una delle imprese professionali più ardue. Da alcuni studi di psicologia del lavoro condotti presso diverse agenzie, si è scoperto che gli agenti che rimanevano sul campo erano quelli dotati di un ottimismo incrollabile (o quasi). Dal profiling del personale delle ditte che si erano prestate all'indagine, è uscito un primo dato che metteva in luce l'inadeguatezza dei pessimisti, i quali, consapevoli del dato negativo a cui potevano andare incontro, finivano anche per lasciare il lavoro: la maggior parte di questi, abbandonava dopo meno di un anno. Gli ottimisti, d'altro canto, a parità di formazione e di opportunità rispetto ai loro colleghi catastrofisti, avevano una capacità di vendere nettamente superiore, incassando successi tra il trenta e il quaranta percento in più.

Scommetto che ora sta cominciando a farsi strada l'idea che abbracciare un approccio più ottimista ti converrebbe. Ed è così. Pensaci un attimo: di fronte a qualunque impresa che può essere faticosa, ci si può disperare o si può pensare a come sarà bello arrivare alla fine. Immagina di dover fare un lavoro pesante, o di dover scalare una montagna, e prova ad ascoltarti con l'Inner Talking come se fossi il tuo stesso compagno per quella giornata. Ti piacerebbe sentire per tutto il tempo una costante lamentela su quanto sia impossibile raggiungere l'obbiettivo? Non sarebbe molto meglio avere un compagno di squadra propositivo, entusiasta e che ti sproni ad arrivare fino in fondo? Ecco: la differenza sta tutta qua, perché la verità è che la vita è faticosa. Ogni cosa, dalla più semplice, può sembrare noiosa, difficile, faticosa, perfino dannosa se la si approccia con pessimismo; si farà sicuramente più fatica perché ogni gesto, ogni minuto e ogni respiro saranno permeati dalla voglia di fare altro. Ma anche quel "qualcos'altro" che si potrebbe fare diventerebbe subito un problema, mentre sembrava allettante fino a quando rimaneva lontano, una vaga alternativa al dovere del momento. Un atteggiamento ottimista ti aiuta invece a prendere la giornata per come si presenta, senza illuderti che altre condizioni raddrizzino inverosimilmente tutti i tuoi problemi. L'ottimista vede opportunità, non fosse altro che potersi rilassare e avere un po' di sollievo dopo aver concluso il compito che non gli era particolarmente gradito.

Nel caso della comunicazione, un pessimista si porrà sempre sulla difensiva, rendendo la conversazione irritante. Metaforicamente è l'equivalente di incontrare qualcuno che, non appena ci vede, si mette in guardia da boxe, pronto a incassare un colpo che non abbiamo alcuna intenzione di sferrare, e alla lunga non avremmo alcuna voglia di doverci confrontare con qualcuno che ci genera sempre tensione. La difensiva è l'atteggiamento di chi pensa sempre al peggio, ma a meno di non lavorare al pronto soccorso o nel centralino dei vigili del fuoco, alla fine si andrà a sfibrare e creare inutilmente dei conflitti, delle tensioni e dei problemi con gli altri e con sé stessi. Un ottimista invece è, metaforicamente, qualcuno che ci accoglie a braccia aperte: anche sforzandoci, non possiamo pensare a un motivo per non preferirlo rispetto a qualcuno che non fa altro che diffidare delle nostre intenzioni.

Per la comunicazione assertiva, poi, l'ottimismo è una chiave di lettura in cui poter orientare la conversazione verso obbiettivi pratici.

Il minimo che si può ottenere con un po' di ottimismo nella conversazione è il miglioramento dell'ambiente emotivo, portando l'attenzione dell'interlocutore verso i fattori positivi che non aveva considerato o, in assenza di un esempio pratico a portata di mano, proponendo una prospettiva futura più rosea.

È indispensabile essere ottimisti quando si vuole ottenere qualcosa, soprattutto col lavoro di squadra. Vi immaginate cosa potreste ottenere con un capo pessimista che esordisce con "l'obbiettivo di questa settimana vi verrà inoltrato con una mail, ma tanto è impossibile che lo raggiungiate". Al contrario, la motivazione e l'ottimismo vanno di pari passo. L'ottimismo, in ultima analisi, non serve a "fare" quel che si deve fare, ma a pensare di poterlo fare anche se è difficile.

Ti consiglio un piccolo esercizio da effettuare prima di un Inner Talking ottimista. Realizza quali sensazioni potresti sentire se avessi già raggiunto il tuo obbiettivo. Immagina le sensazioni tattili, sorridi e cattura quelle emozioni. Dopo di che, mettiti al lavoro. Se non ami cucinare ma ti piace gustare un buon piatto, immagina il risultato finale: troverai più facilmente la pazienza di seguire la ricetta. E così potrai fare per quando devi fare quelle cose più o meno pesanti della vita, dal lavoro ai traslochi: immagina la soddisfazione di aver fatto quel che dovevi.

Ti propongo una nuova definizione di ottimismo:

<u>la capacità di capire che cosa si otterrà dopo la fatica</u>

Usa la prima persona singolare

Chiarisci sempre che sei tu il soggetto interpellato e che parli a tuo nome. Dai importanza a quell'Io che spesso hai sottovalutato.

Porta l'attenzione del tuo interlocutore sulla tua necessità, sulla tua emotività e sulla tua persona; non ti si deve assecondare perché fai parte di un gruppo di qualche tipo ma perché hai una voce e chi ti ascolta deve capire che quello che sta ricevendo non è un messaggio anonimo di un "oggetto", ma è una connessione stabilita con un suo simile.

Tante volte l'educazione che ci è stata impartita tende a ridurre l'importanza dell'Io nella comunicazione perché si vuole ridurre un impatto troppo "prepotente" o la tendenza di alcuni, nell'infanzia, di capitalizzare l'attenzione futilmente. Questo però si può tradurre nel ridurre al silenzio le proprie prese di posizione e preferenze che, in fase adulta, sono necessarie a non incappare in situazioni di stress inutili.

Andando all'estremo opposto, quando si evita di usare la prima persona singolare dove si dovrebbe, si ottiene un effetto "impersonale" nella comunicazione che toglie la possibilità di avere un dialogo sano e costruttivo.

"Si deve fare così", "sarebbe meglio", "non si fa", e altre affermazioni che tolgono il soggetto dalla frase eliminano anche l'interlocutore, dando un vago senso di minaccia o sembrando un ordine monolitico da cui non si può scappare.

Se pensiamo che ogni comunicazione è preziosa, che abbiamo l'occasione di essere compresi e di poter migliorare la connessione con gli altri, possiamo anche trarre vantaggio da una comunicazione assertiva e positiva per rinforzare la nostra personalità dandoci modo di fare un esercizio per migliorarci.

Individualismo senza egoismo

Possiamo pensare a tutti gli strumenti sopra esposti come a dei filtri con cui schermare la nostra visione della realtà in modo da ottimizzare la nostra reazione. Per questo è importante realizzare che noi non pensiamo con la testa degli altri e pretendere di "sapere" sempre cosa gli altri stanno per dire o rispondere, e che le nostre parole vengono a loro volta filtrate da diversi fattori culturali, emotivi, ambientali e personali del nostro interlocutore. Se però abbiamo chiaro che la nostra personalità unica e irripetibile si incontra con un'altra personalità altrettanto unica e irripetibile ci sarà più facile evitare di ridurre l'interazione a uno scambio grigio e asettico o a uno scontro. L'atteggiamento egoico e infantile di chi vuole anticipare ogni idea altrui o perfino di aspettarsi che gli altri antepongano le sue necessità al proprio interesse è potenzialmente disastroso al fine di avere delle sane relazioni sociali.

Il fatto di non sapere a priori come l'altro possa reagire alle nostre dichiarazioni non è uno svantaggio strategico, è la natura stessa della poliedricità dell'animo umano e remare contro questa natura vuol dire andare incontro a errori di valutazione e di risposta.

La comunicazione assertiva pone l'individuo al centro dell'equazione, e la persona che riesce a far valere le qualità di cui abbiamo discusso ha molte più possibilità di vivere meglio le interazioni umane, arricchendo la propria esperienza e diventando un valido sostegno del proprio gruppo.

Sorridere nella comunicazione assertiva

A livello biologico, il sorriso può sembrare un comportamento bizzarro: i primati sono gli unici mammiferi (e animali in generale) a mostrare i denti mentre manifestano la loro non-pericolosità approcciando individui che sono felici di incontrare.

Un elemento non verbale particolarmente potente, il sorriso: a seconda della gestualità di contorno e dell'espressione degli occhi, questo gesto può esprimere tante cose diverse, quali complicità, amicizia, sensualità, gioia, sollievo, allegria... Da ricerche antropologiche condotte per decenni in tutto il mondo, si è notato che il sorriso è uno dei pochi elementi comunicativi comuni a tutti gli esseri umani: in tutte le culture, questo gesto innato esprime lo stesso concetto di fondo, ovvero "sono a mio agio in questa situazione".

Proviamo a immaginare una situazione di stress: un incidente in cui, per fortuna, ci sono solo danni materiali. Sia che siate la parte lesa o che siate la parte responsabile, un sorriso può ridurre significativamente la risposta negativa della persona che abbiamo di fronte e introdurre un dialogo ordinato là dove è più problematico, soprattutto quando si deve aspettare di chiarire la situazione. Di più, ci disporrà in uno stato d'animo meno belligerante, evitando di "aggravare" la nostra situazione o di "passare dalla parte del torto" in caso fossimo noi la parte danneggiata.

A lavoro un sorriso può cambiare diverse cose, introducendoci con maggiore serenità e compartecipazione del peso emotivo del lavoro da svolgere.

Abbiamo già detto di come il sorriso sia un elemento di comunicazione non verbale universale. Ci sono due motivi per cui si dovrebbe sorridere più spesso di quanto facciamo.

Il primo, di natura fisiologica, è quello di "ingannare" il cervello. Può sembrare strano, ma si è notato che i recettori nervosi coinvolti nel gesto di "mostrare i denti in un'espressione di gioia, rilassatezza e cordialità" funzionano anche in senso inverso, e il nostro stesso corpo ci dà una lezione importantissima di vita: *non serve avere una buona notizia per dover sorridere, è il sorriso che porta buone notizie.*

Ne sono convinti sia il ricercatore Ron Gutman, sia Thich Nhat Hanh, maestro di meditazione di fama mondiale. Più cresciamo, più la nostra società ci convince a non sorridere perché altrimenti "sembri sciocco", e in alcune culture una persona adulta che mostra un viso ilare o apertamente sereno viene preso per un malato mentale. Si dice "il riso abbonda nella bocca degli stolti", per esempio. La paura insita nel far vedere le proprie emozioni ci mostra un difetto della nostra società, e non della persona, perché è un dato di fatto che sorridere e ridere diminuiscono il livello di cortisolo (la "molecola dello stress"), mentre inducono un miglioramento della produzione di dopamina ed endorfina (molecole del buonumore) e aiutano indirettamente a mantenere efficiente il sistema immunitario e la salute mentale. Tutto l'opposto di quello che viene insegnato sottilmente da molte autoproclamatesi "culture avanzate". Non è un caso se uno dei personaggi più iconici del cinema contemporaneo è "Joker", il nemico di Batman, la cui ilarità sembra accompagnare un grande disagio, al contrario del suo antagonista serio (ma tutt'altro che equilibrato). Riprendiamoci il sorriso, conquistiamoci il diritto di aprire le labbra e illuminare gli occhi, ritroviamo l'espressione della gioia. La nostra mente, sottilmente ingannata, si convincerà che se c'è un effetto (il sorriso) ci sarà verosimilmente una causa (motivo di gioia) attivando diversi centri nevralgici che faranno invertire la rotta dei nostri pensieri e allenteranno i nodi che ostacolano la comunicazione. È un po' come in certi bluff che valgono partite ricchissime ai tavoli d'azzardo o perfino certe manovre economiche di aziende esordienti che, nel presentarsi in maniera solida, finiscono per mescolare causa ed effetto agli occhi dei possibili investitori e clienti che si fidano, creando la fortuna di chi ha "saputo presentarsi". Noi siamo l'imprenditore che bluffa, il nostro cervello è l'investitore.[6]

E qui cominciamo a pensare a come utilizzare il sorriso come uno strumento assertivo con il nostro interlocutore.

Parlare sorridendo costringe a un esercizio di distensione e di coordinazione mentale. Esprimersi articolando le sillabe con la bocca aperta e intenta a mostrare emozioni positive trasmette un senso di calore e vicinanza: ovviamente, questo può aiutare ad avvicinare le persone, renderle più propense ad ascoltare le nostre motivazioni e assecondare le nostre richieste. Un sorriso pieno di amore e compassione può suscitare un effetto nei neuroni specchio del nostro interlocutore, e può essere estremamente utile là dove la situazione si

---

[6] Può non sembrare una cosa seria, ma si dice che questo sistema fu usato da Oscar Schindler, il quale si presentò come un capace imprenditore ai nazisti, quando in realtà versava in una condizione pressoché indigente mentre provava a fare affari con associazioni di ebrei polacchi, salvandone più di mille dalla Shoah.

fa più critica. Avrai notato che quando siamo particolarmente concentrati, tendiamo a riproporre schemi motori e gesti della persona con cui stiamo avendo un dialogo (a patto che ci sia equilibrio e che avvenga come uno scambio), e se sorridi, probabilmente prima o poi il tuo interlocutore comincerà a ricambiare.

Il sorriso salva la vita

Oltre a essere un gesto di gentilezza verso il prossimo, sorridere può essere salvifico nelle situazioni più disparate. Ne sapeva qualcosa il giornalista di guerra Tiziano Terzani: per due volte fu sul punto di essere catturato e ucciso da guerriglieri in Asia, la prima volta in Cambogia, la seconda in Afghanistan.

Per due volte, **il sorriso gli salvò la vita**. Sorridere implicava diverse cose che lasciarono interdetti i combattenti: il giornalista italiano non aveva paura, benché non parlasse la loro lingua (o solo qualche parola) stava comunicando e mostrava di voler continuare quella comunicazione, lasciava sì intendere di non stare percependo la gravità della situazione (instillando il dubbio che da un momento all'altro la sua presenza fosse giustificata da qualche ufficiale) e non si poneva in modo minaccioso o pericoloso.

In una situazione di conflitto, quindi, un sorriso può significare "siamo dalla stessa parte, amico" e può essere il primo passo per stemperare un accesso di emotività distruttivo. Oltre al sorriso, possiamo pensare a quali altri gesti, espressioni ed elementi para verbali andranno a sostenere la nostra assertività.

Un esercizio sorridente

La lezione che possiamo imparare qui è che sorridere può davvero aiutarci.

Come esercizio, ti posso proporre di prendere un momento di crisi, un blocco lavorativo, per esempio, e sorridere. Sorridi, respira e a questo punto riprendi là dove ti eri incagliato.

Sorridi, allenati a sorridere, ma non solamente alle persone con cui devi intrattenere dei rapporti lavorativi, ma adoperati per trasmettere più serenità anche ai tuoi conoscenti e, perché no, a quelle figure che sembrano marginali e secondarie. Anzi, sono proprio queste ultime che possono fornirti una "palestra del sorriso". Prova a notare come cambino i rapporti e le risposte delle persone quando ti imponi di sorridere a tutti quelli con cui parli per una settimana. E non ti preoccupare: in ogni caso, se sarai ricordato come quello che sorrideva, questo non potrà che avvantaggiarti.

Carisma: dote innata o abilità appresa?

Talvolta, facendo il confronto con quegli individui capaci di convincere il prossimo in maniera naturale, e che identifichiamo subito come "persone di successo", sentiamo una distanza che cerchiamo di misurare utilizzando come metro la quantità di fatica necessaria per la stessa impresa comunicativa che invece a noi è costata caro o in cui abbiamo fallito.

Per prima cosa, mi permetto di dirti che fare dei confronti su delle osservazioni personali può essere molto controproducente e che, alla lunga, un simile atteggiamento potrebbe minare la sicurezza di chiunque.

Le differenze che permettono o meno di tagliare dei traguardi sono dovute a tantissimi fattori, molti dei quali non sono sotto il nostro controllo. Perciò partiamo già da questo dato: nella comunicazione, come nella vita, non tutto è sotto controllo. E per fortuna! Sei responsabile solo di ciò che puoi fare direttamente. Sottolineo quindi la necessità primaria di fare una distinzione tra ciò che "**sei**" e ciò che "**fai**". Non è una discussione filosofica e neanche una fine argomentazione di semantica: se ti convinci di "**essere**" l'autore di un insuccesso, di "essere" sfortunato", di "essere" incapace di ottenere i risultati della persona che invece ammiri, stai precludendoti a priori la possibilità di farlo, vivendo nella convinzione di "essere" vittima di un torto, una macchinazione malevola colossale e universale che ti ha privato dei mezzi che invece altri, ingiustamente più fortunati, utilizzano senza quasi curarsene e accorgersene.

Ma non è così.

Le persone che definiamo carismatiche fanno coincidere con il proprio ruolo (ereditario, acquisito, temporaneo o permanente che sia) con la propria capacità di gestione di un certo campo e non con una identità emotiva che può essere vittima di influenze ambientali casuali. L'incrollabile certezza di poter raggiungere un obbiettivo è data dall'idea di essere capaci e di potersi rialzare in caso di fallimento, senza mai concentrarsi sull'insuccesso ma confidando in quello che si può fare, anziché in quello che non si può.

L'antico concetto di *kalokagathia* greco ci viene in soccorso perché spiega che le persone più importanti, gli eroi dei miti, avevano un'aura di successo che gli permetteva di primeggiare. I "belli e valorosi" di tutte le culture, non solo quella ellenica, erano persone a cui tutti si rivolgevano non solo perché "belli e valorosi", ma perché esprimevano il proprio valore con intraprendenza, sicurezza e ciò conferiva loro capacità di leadership che sembravano fuori dal comune, tanto da far tirare in causa ipotetiche parentele divine per giustificare il loro carisma. I più valorosi dimostravano non solo forza ma anche acume, come Ulisse, dotato della *techné*, l'abilità di plasmare il mondo con le proprie mani.

In realtà, le dinastie di eroi (e più avanti, le dinastie nobiliari e di capi politici ed economici) addestrano la propria prole per conseguire il successo: l'attitudine al comando e al convincimento non è un passaggio di geni, quanto piuttosto un apprendimento culturale veicolato da un'istruzione ad hoc. Nascere nella stessa famiglia di un leader non serve a niente, osservare una persona che sa farsi rispettare ed è abituato a risolvere crisi, invece, porta naturalmente a imitarne le strategie vincenti.

Giulio Cesare, Enrico V e Napoleone Bonaparte infiammavano le proprie truppe con fierezza, ma tale abilità oratoria derivava da un esercizio dialettico a cui erano stati iniziati da bambini.

Prova a chiederti quali modelli hanno contribuito a formare le tue capacità comunicative, sia in modo positivo che negativo.

Pensa a chi stai imitando quando ti è richiesto un ruolo di responsabilità: una persona che non sa esporre le proprie idee o un modello carismatico capace di far valere le proprie parole?

Vedremo più avanti come "imitare" e apprendere volontariamente da qualcuno che scegliamo come guida.

Per ora, concentrati sul fatto che per realizzare l'abilità propria della persona carismatica e fare in modo che le persone ascoltino con attenzione le tue parole, devi fare dei passi in una nuova direzione. Concentrati su di un fattore spesso trascurato: il tempo.

Carisma e abilità

Per Dale Carnegie[7], dedicare tempo alle proprie abilità cambia radicalmente le carte in tavola. Di seguito e

---

[7] Dale Carnegie, autore e pioniere delle discipline moderne sullo sviluppo personale, ha scritto importanti testi pubblicati nella

brevemente, vediamo le cinque abilità di base che lo scrittore americano aveva isolato per creare una personalità carismatica:

- **"Rapport building"**, ovvero la capacità di creare una mutua relazione di rispetto tra due o più persone;

- **Curiosità**, virtù che ci permette di andare oltre lo strato superficiale della conversazione e cogliere i punti nevralgici su cui insistere o da evitare;

- **Ambizione**, da non confondere con insoddisfazione o avidità, permette di andare avanti nella vita, di cercare di migliorare noi stessi, l'ambiente intorno a noi e di proteggere i nostri interessi, l'equità e la giustizia;

- **Risoluzione dei conflitti**, cioè la capacità di non perdere di vista l'obbiettivo finale che può essere perso durante una interazione per uno scontro quasi sempre evitabile ma che, quando iniziato, va disinnescato limitando ogni danno collaterale;

- **Comunicazione**, l'oggetto stesso di questo libro, ma riassumibile nella capacità di esprimere

---

prima metà del Novecento quali "Come parlare in pubblico e convincere gli altri", "Come trattare gli altri e farseli amici" e "Come godersi la vita e lavorare meglio". A lui è intitolata l'omonima multinazionale che promuove corsi di formazione, oltre che fornire consulenze di alto profilo e le cui sedi sono presenti in 85 paesi nel mondo.

chiaramente le nostre idee e di comprendere a pieno le intenzioni altrui.

Tutti questi ingredienti si possono mescolare solo e soltanto se proponiamo una **visione** di noi stessi **positiva e ottimista**.

Come fosso fare in modo che gli altri guardino a me come ad un esempio positivo?

Di nuovo: smettendo di pensare che si debba "essere qualcosa" ma facendo capire che si è capaci di **fare**. Se penso di dover "essere" un leader fallirò, se mi convinco di poterlo "fare," lo farò. "Essere" qualcosa implica l'impossibilità di sbagliare, di deviare anche solo di poco da un percorso regolare, sicuro e perfetto... peccato solo che non esista. "Fare", invece, vuol dire implicitamente anche "imparare a fare", e darsi la possibilità di migliorare senza che l'abilità necessaria ci riempia irragionevolmente di virtù preconfezionate.

Durante una crisi, pensare di sé stessi che si può "essere una persona completamente nuova" è ingenuo e frustrante non appena questa personalità si scontra con i vecchi problemi e ripropone in automatico i vecchi schemi di risoluzione da cui si voleva fuggire. Se invece si pensa di voler fare qualcosa di nuovo, come cambiare le proprie abilità, ci si sta impegnando a rendersi operativi, mettersi in discussione e ottenere gradualmente dei cambiamenti sistematici che verranno notati solo dopo il loro conseguimento. E per fare ciò, come diceva appunto Carnegie, **serve tempo**.

Sii clemente con te stesso, pretendi il massimo ma commisurando lo sforzo alle capacità del momento.

In questo libro hai trovato diversi esercizi da poter ripetere quando vuoi, ma per renderli davvero efficaci dovrai ripeterli il più possibile in modo che diventino una seconda natura. Tante persone collezionano libri di self-help... ma non funzionano per il semplice motivo che non ci si sono dedicati. Un manuale non è un talismano che magicamente ti toglie le castagne dal fuoco. Ricorda che il tempo che stai dedicando a questo cambiamento è un investimento per te stesso e per la tua felicità.

Misurare il tempo con gli altri

Il concetto di "dedicare tempo" può altresì essere interpretato come un buon consiglio in materia diplomatica e per una corretta comunicazione assertiva. Ognuno dovrebbe aver diritto a esprimere il proprio bisogno in accordo coi propri diritti e le proprie necessità, così come ognuno dovrebbe aver diritto a un tempo eguale di replica.

In generale, chi parla dovrebbe avere l'accortezza di misurare (indicativamente) la lunghezza del proprio intervento senza abusare del tempo altrui. Molti venditori ci danno fastidio perché percepiamo nella loro azione una scocciatura e non come un'opportunità di risparmio o di miglioramento qualitativo. Se la premessa è "le rubo solo un minuto" ci si dovrebbe attenere a tale affermazione, indicando un processo di transizione breve e perciò vissuto come poco rilevante. Tutto ciò che è semplice e costa pochi minuti è ben accetto, in ogni campo. Le lunghe discussioni, al contrario, sono quasi sempre sinonimo di conflitto e si prestano a dare almeno un mal di testa. Tenderemo a evitare la persona che ci ha trattenuto a lungo e preferiremo sicuramente la compagnia o i servizi di una persona che nell'essere conciso è anche attento ai nostri bisogni.

In sintesi, dedica il tempo necessario al tuo interlocutore, ma conserva la difesa della tua autonomia, dei tuoi diritti e del tuo stato di benessere.

Modelling e carisma

Abbiamo capito che ci sono delle lacune nella nostra formazione e che la comunicazione per come viene insegnata nelle scuole, e spesso in famiglia, non è paritaria e diretta ma anzi è subordinata a protocolli e strategie volte a consegnare un codice di cui però non si forniscono tutte le chiavi di lettura. Poi ci sono quelle persone, come dicevamo prima, che sembrano avere tutte queste chiavi di lettura o almeno le più importanti e che si muovono con disinvoltura là dove noi fatichiamo ad arrivare. Le persone carismatiche, quelle che hanno imparato (talvolta inconsapevolmente) ad attirarsi la benevolenza di un interlocutore, possono essere i nostri modelli di comportamento.

Per prima cosa, pensa a una persona che ha realizzato degli obbiettivi che stanno a cuore anche a te. Come si è mosso? Cosa ha letto? Che tipo di corso ha seguito? Se possibile, scopri ogni dettaglio rilevante sulla sua formazione, sulla sua routine quotidiana, sul tipo di vita che ha vissuto e cerca di capire come riproporti questi schemi.

Se per esempio il tuo beniamino, che ha scritto o detto quelle parole che ti hanno ispirato al punto che avresti voluto pronunciarle tu stesso, ha fatto una formazione negli Stati Uniti negli anni '90, sarebbe inutile ricercare di fare quella stessa esperienza formativa perché non devi andare a caccia di chimere. Cerca piuttosto di capire come un'esperienza simile possa giovarti e cosa del viaggio fatto dal tuo modello di comportamento puoi ritrovare in altri contesti per metterti alla prova.

Generalmente potresti scoprire che le persone che comunicano in maniera così funzionale hanno strutturato la loro giornata e la loro agenda in modo da poter lavorare sulle proprie abilità e prendendosi cura di sé. Non esiste una ricetta perfetta, ognuno funziona diversamente ma puoi prendere ispirazione per creare il tuo "time management" assertivo con cui costruire un Inner Talking quotidiano positivo sulla base dell'esempio che hai scelto. In caso di dubbio, se il tuo modello è ancora in vita e raggiungibile, prova a contattarlo per chiedergli consiglio: ti potrebbe stupire il fatto che oramai, con i moderni mezzi offerti dai social media, potresti ricevere una risposta e trovarti in condizione di puntellare la tua struttura.

Il carisma, noterai, si costruisce sulla base di una serie di informazioni che entrano in un processo virtuoso di pensieri, parole e azioni positive che la persona carismatica trasmette agli altri, ispirandoli e ricevendo in cambio sostegno e responsabilità.

Maturità, carisma e comunicazione assertiva

Altra importante caratteristica della comunicazione di un leader carismatico: la maturità. Quando una persona dotata di carisma parla, l'effetto è quello di un padre amorevole che dà delle indicazioni alla famiglia. Non ci si pone in conflitto con lui, ci si ragiona. Non si pensa di agire alle sue spalle o di spodestarlo perché dimostra qualità nel suo operato. Ci si fida come un fratello maggiore o un amico che conosciamo da tempo.

Però, se si pretende di poter ingannare gli altri, fingendo che ci stia a cuore il rispetto dei loro diritti, del loro ruolo e della loro identità, falliremo e la nostra posizione sarà inequivocabilmente compromessa. Il segreto è di pensare con compassione, simpatia ed empatia, dando valore alle emozioni altrui, alla loro autonomia, perché conviene sempre essere altruisti, sia che siamo alle dipendenze di qualcuno, sia che siamo noi il leader.

Si deve davvero avere a cuore il successo degli altri, come nel termine ebraico "firgun" che abbiamo visto all'inizio del testo, e comprendere che in una comunicazione assertiva non c'è un "vincitore" e un "perdente", ma il vero successo è l'avanzamento e il progresso di tutti i partecipanti.

Lo studio del terreno

Dicevamo prima che una personalità egoica e infantile pretende di controllare tutto. Evitare di conoscere i temi da affrontare sarebbe però una mancanza di pragmaticità.

"Sapere è potere", si dice, e ciò non vuol dire che questo potere serva a prevaricare gli altri e farne per forza un uso di dubbia moralità. Peggio ancora, mostrarsi preoccupati o addolorati per gli altri quando non lo siamo può farci passare da sciacalli…

Quando possibile, cerca sempre di anticipare le difficoltà che potresti avere con un interlocutore perché tutti abbiamo dei temi su cui siamo più sensibili. Ci sono diversi modi di capire che tipo di problematiche potresti incrociare se, per esempio, dovessi avere un colloquio di lavoro per una ditta per cui ti piacerebbe tanto lavorare, dal passaparola ai social passando per una semplice sbirciata a un motore di ricerca. Se sai che tipo di problemi hanno avuto, potresti scegliere di non menzionare mai quel tipo di difficoltà, oppure proporti come risolutore di problematiche che hanno già affrontato. Poniamo il caso, per esempio, che tu voglia lavorare in una catena di librerie e che abbia letto da qualche parte delle difficoltà che questi hanno avuto durante periodi stressanti, come quello sotto le feste natalizie: potresti fare leva sulla tua capacità di gestione dello stress, sul tuo interesse verso la comunicazione assertiva per il servizio diretto con i clienti, per il lavoro in gruppo, potresti menzionare la tua propensione a imparare nuovi schemi comunicativi grazie alla tua curiosità e al tuo interesse per le materie affrontate anche in questo libro.

La comunicazione assertiva propone soluzioni là dove altri cercherebbero (a torto) una forma di complicità lamentandosi del problema dell'interlocutore, creando un punto d'incontro.

Cosa fare in una "giornata no"

Capitano quei giorni in cui, nonostante la buona predisposizione cercata meticolosamente e la cura con cui ci siamo preparati per un incontro, la comunicazione stenta a decollare e ci sembra che qualcosa ci metta i bastoni tra le ruote. Lo sappiamo già: cercare un colpevole esterno non servirà a nulla.

Se siamo all'inizio di una di queste "giornatacce", sorridiamo, raddrizziamola con una pausa programmata per ricalibrarci. Inner Talking, ancoraggio a una sensazione positiva in cui "parlarci" positivamente, distendiamo il più possibile i nervi e "ricominciamo la giornata". Quando non è possibile "resettare" e ormai la giornata è andata storta, evitiamo di colpevolizzarci o scaricarci sugli altri, ma accettiamo che, come già detto altre volte, non possiamo controllare tutto: possiamo solo sorridere, controllare quello che percepiamo e il modo in cui elaborare la giornata appena passata.

Fai attenzione al come comunichi (agli altri come a te stesso) una giornata infruttuosa. Evita espressioni come "È stata un disastro", ma comportati in maniera positiva e ottimista, affermando che "Poteva andare meglio, e domani sarà sicuramente una giornata migliore".

CONCLUSIONI

In tutto questo percorso che abbiamo fatto insieme fino a qui, c'è una costante che spero avrai colto. Lascia che sveli quest'ultima lezione che dobbiamo sempre tenere a mente e che, insieme ai punti elencati nell'introduzione formano i pilastri della comunicazione assertiva: a volte si deve avere una grande cura per le espressioni che usiamo con il nostro interlocutore, in modo da condurlo su una strada priva di ostacoli quali fraintendimenti e cattive interpretazioni di sottotesti e funzioni non verbali o para verbali che potevano inquinare il dialogo; altre volte è necessario ritrovare il proprio centro e far capire che per una corretta comunicazione, la persona con cui parliamo dovrà fare uno sforzo per venire incontro al nostro rispetto, alla nostra autonomia e ai nostri diritti.

Perciò, sia che tu ti trovi a parlare con un tipo burbero e scontroso o che ti debba assicurare di non intimidire un soggetto timido e delicato, che ti trovi proprio in mezzo al prototipo della "giornata no" o in una condizione favorevole, l'unica costante su cui puoi fare affidamento sei tu.

E di nuovo, può sembrare una responsabilità pesante, ma lo è solo se affronti questa informazione con pessimismo. La realtà è che avere questo potere è una benedizione, perché in qualunque momento potrai portare la comunicazione a un livello più alto.

Come ultimo esercizio, ti consiglio di riprendere tutto il testo che hai in mano e di evidenziare o copiare tutti gli esercizi. Cerca anche gli autori citati e prova a cercare in libreria o in biblioteca i loro testi. Armati di pazienza e stila una lista di tutte le qualità (e dei modi di coltivarle) che compongono la comunicazione assertiva. Fai in modo di avere questi elenchi sempre visibili e trova la maniera di "parlare a te stesso" in modo da ripetere questi principi fino a farne la tua nuova e più solida natura comunicativa.

COMUNICAZIONE PERSUASIVA

Comprendere i principi della persuasione, imparare ad analizzare la psicologia umana tramite le tecniche di PNL e sviluppare una comunicazione efficace

INTRODUZIONE

Cosa vuol dire "persuadere" gli altri?

La parola in sé contiene le radici latine di "*per*" o "andare verso", qui interpretabile come "rendere", e di "*suavis*", "soave" o "piacevole". Persuadere, perciò, è l'azione di rendere piacevole qualcosa agli altri.

La persuasione non può ridursi però a un semplice "indorare la pillola" mentre si propone qualcosa di poco piacevole a un malcapitato cliente: essere realmente persuasivi è un'abilità sempre più richiesta nel mondo del lavoro ma che si basa su profonde e solide radici psicologiche. È frustrante constatare che tante figure professionali richiedono ai propri dipendenti uno sforzo innaturale di "essere persuasivi" quando ciò è praticamente impossibile, per il semplice fatto che non si può "essere" qualcosa, piuttosto bisogna "fare qualcosa". Perciò, se stai leggendo queste righe perché senti di mancare in questo tipo di skills sociali, se vuoi migliorare la tua capacità di comunicare o anche se vuoi semplicemente accrescere la tua cultura in campo comunicativo, voglio subito dirti che tutti, indistintamente, possiamo migliorare il nostro modo di proporci agli altri, di interagire, di farci ascoltare e dare argomentazioni valide. Per alcuni sembra una "dote innata", ma è solo il frutto di una fortunata combinazione di attenzioni nel periodo in cui si forma il linguaggio nel fanciullo, di fattori educativi e dell'acquisizione di schemi comportamentali funzionali al diventare "carismatici". Tutti possiamo diventare più carismatici, a qualunque età e in qualunque momento, con il giusto impegno chiunque può migliorare le proprie abilità.

Essere persuasivi è impossibile senza possedere altre qualità importanti nella vita di tutti i giorni così come nei casi straordinari; tali qualità sono empatia, sicurezza di sé, comprensione del contesto, pazienza e resilienza. Vedremo più avanti come esercitarle efficacemente.

La persuasione, in poche parole, è la somma di una serie di qualità che si manifesta esteriormente nella comunicazione ma arriva da un atteggiamento interno. Per persuadere gli altri, dobbiamo anzitutto essere persuasivi a nostra volta.

Probabilmente, se hai preso questo libro, starai pensando a qualche "occasione persa" in cui ti è venuto il dubbio di aver detto o fatto qualcosa di "sbagliato", o ti stai preparando mentalmente ad affrontare una prova (o una serie di prove) in cui dovrai cimentarti al meglio delle tue abilità. Perciò, preparati a pensare che stai per cambiare alcuni aspetti della tua vita e abbi l'incrollabile e totale fiducia nel fatto che stai per diventare più persuasivo.

Storia della persuasione e storie per persuadere

In questo paragrafo vorrei farti capire che c'è un nesso tra l'abilità affabulatoria e la capacità di persuadere gli altri.

Peito, o Pito, era la divinità greca della persuasione e secondo il mito accompagnava la seduzione attraverso altre immagini archetipiche legate a Eros e Afrodite. "Sedurre", secondo molte lingue, non vuol dire solo "ammaliare" a scopi relazionali con malizia e sensualità, ma vuol dire creare un'attenzione viva verso un oggetto o una persona.

Nel pantheon indiano, Annapurna si fece insegnare dal saggio Narada come persuadere gli uomini a farle offerte di cibo da donare a Shiva e dimostrare così il suo amore.

Le epistole della Bibbia servivano a convincere delle popolazioni circa la veridicità e convenienza della nuova fede che si andava professando.

Nel corso della Storia, sono innumerevoli gli stratagemmi e gli artefici retorici che hanno portato alla risoluzione di problematiche grazie alla diplomazia, una delle forme più alte e raffinate di persuasione che si conoscano.

Le storie che i nostri avi ascoltavano li convincevano a prendere posizione morale su certi temi, servivano a muoverli verso atti valorosi a discapito della propria incolumità pur di emulare le gesta di personaggi importanti. Tali personaggi potevano essere inventati di sana pianta, ma ciò non impediva alle persone in carne e ossa di farne proprie le intenzioni eroiche e di volerli emulare.

La Storia ci insegna che tante volte, per arrivare a un risultato, è stato necessario far passare una richiesta non sul dato oggettivo, nudo e crudo, per cui un certo sforzo era giusto o conveniente. I cantastorie di ieri e di oggi hanno confezionato immaginari comuni che arrivassero a smuovere gli indecisi o perfino coloro che si trovavano in posizioni contrarie a quelle proposte, affascinando con meccanismi narrativi e seducendo con il potere fantasioso dei racconti.

Così come testimoniano alcune pellicole, anche in epoche più recenti le storie sono servite a persuadere su larga scala le persone: durante la Seconda Guerra Mondiale, gli Stati Uniti si avvalsero della consulenza di Walt Disney per la creazione di cartoni animati di propaganda con cui vendere dei titoli di stato d'emergenza, coinvolgere volontari e rompere gli indugi dei paesi neutrali al conflitto: il risultato, fu un esilarante cartone con protagonista Donald Duck, "Paperino". A ben vedere, ogni popolo ha avuto bisogno di una forma di persuasione per scendere in guerra contro dei nemici, e sarebbe difficile far rischiare la vita di milioni di persone se non gli si facesse credere che possa esistere un "buon motivo" per farla.

Nel film "No - I giorni dell'arcobaleno" si racconta la storia del pubblicitario Eugenio Garcia che realizzò la campagna "Chile – L'Alegria ya vien", con cui promuovere il referendum per la fine della dittatura cilena; tale campagna fu bocciata inizialmente dai membri delle opposizioni, in quanto "sembrava una pubblicità della Coca Cola" ma che alla fine ottenne il suo risultato sperato grazie a un buon "storytelling". La pubblicità, d'altro canto, ci "seduce" a comprare oggetti, per esempio, raccontando una storia e mettendo in campo una comunicazione in cui rendere facilmente riconoscibile quell'oggetto o servizio tramite il logo e il nome dell'azienda (branding).

Allo stesso modo, siamo "sedotti" a pensare che un certo rappresentante politico parli in nostra vece, che quel negozio sia migliore della sua concorrenza (anche se, magari, vende gli stessi prodotti a prezzi pressoché identici al suo vicino) o che una persona possa essere colpevole o innocente del reato di cui è accusato dal modo in cui rappresenta la sua posizione.

La retorica di Aristotele e la persuasione

Oltre alle rappresentazioni mitologiche e religiose e agli atti di propaganda politica, troviamo ampio uso di artifici retorici nella filosofia. Tale disciplina viene troppo spesso accusata di essere uno studio per "amabili chiacchiere da salotto" che non avrebbero alcuna utilità nel mondo reale. In realtà il progresso mentale dell'umanità è stato accompagnato dalle grandi intuizioni dei filosofi e tutto quello che l'uomo ha conquistato negli ultimi millenni lo deve proprio al fatto che ci sono stati uomini capaci di superare il velo illusorio del loro presente per andare "oltre", aumentando di volta in volta la qualità della nostra vita e pretendendo che la società progredisse per raggiungere il proprio pieno potenziale.

Aristotele, grande filosofo, matematico e scienziato vissuto nel 300 a.C. e considerato una delle menti più brillanti che ha contribuito a creare le basi del pensiero occidentale stesso, ha dedicato alla retorica una delle sue opere più importanti, da cui possiamo trarre delle lezioni ancora oggi validissime per la nostra intenzione di migliorare la comunicazione persuasiva.

Il grande pensatore aveva trovato il modo di elencare con grande eloquenza i punti principali da tenere a mente se ci si vuole cimentare in un discorso e sostenere con successo la propria posizione. Vediamo nel dettaglio quali sono i punti salienti della retorica e come affrontare l'oratore, il pubblico e il messaggio.

La retorica di Aristotele, libro primo: l'oratore

La prima parte dell'Arte della Retorica del filosofo greco è dedicata a colui che si prende carico di trasmettere un messaggio. Qui, Aristotele inizia fornendo una possibile definizione di retorica: **l'abilità di scoprire quali mezzi di persuasione riguardanti ciascun oggetto.** A differenza del collega Platone, Aristotele indica come oggetto d'indagine della retorica non la verità, ma la verosimiglianza, la possibilità di un dato oggetto di essere. È essenziale quindi il sillogismo retorico da lui proposto detto "**entimema**", in cui un'argomentazione non viene proposta come "certa" ma come "possibile": questo primo strumento è essenziale per poter confutare tesi e, come diremmo oggi, per poter introdurre in maniera *soft* il nostro assunto. L'oratore può avvalersi di argomentazioni non tecniche, fornite da contesto e da documentazioni preesistenti, o di argomentazioni tecniche, divisibili in tre categorie:

1) argomentazioni che persuadono attraverso il carattere dell'oratore, con cui quest'ultimo mostra sicurezza nella sua esposizione accompagnando le sue parole con la sua presenza;

2) argomentazioni che persuadono predispo-nendo il pubblico, in cui l'oratore monitora la reazione emotiva di chi lo sta ascoltando;

3) argomentazioni che persuadono con il discorso, in cui a prevalere sono la logica e la veridicità dell'assunto.

Per terminare il primo libro della sua opera, Aristotele propone tre tipi di discorso, in cui in tutti però è necessaria la conoscenza e la capacità di uso di prove, probabilità e segni, artifici linguistici e tipi di argomentazioni come quelle esposte prima.

1) Nel "discorso deliberativo" si possono trovare esortazioni o dissuasioni, sotto forma di consigli, rimproveri o leggi da applicare nel futuro.

2) Il "discorso epidittico" mira a lodare o biasimare qualcuno per ciò che sta accadendo in quel momento e userà il tempo verbale presente.

3) Il "discorso giudiziario" verte a indagare cause, moventi e conseguenze di un'azione del passato al fine di giudicarne gli effetti e le soluzioni.

La retorica di Aristotele, libro secondo: il pubblico

Le **emozioni** giocano un ruolo importantissimo nella retorica perché sono quelle che portano alla persuasione il pubblico. Se in un discorso deliberativo è importante l'emozione espressa e dimostrata dall'oratore, nel discorso giudiziario si dovrà tenere conto dei sentimenti degli ascoltatori. La platea può essere condotta a provare una serie di sensazioni, elencate puntualmente dal filosofo come rabbia e calma, amicizia e inimicizia, paura, vergogna, gentilezza e rudezza, pietà e disgusto, invidia e ammirazione, e che oscillano tra due poli opposti che sono il **piacere** e il **dolore**. Per meglio comprendere come si muovono tali emozioni, Aristotele fa presente che il pubblico può essere diviso in diversi caratteri in cui alcuni fattori giocano un ruolo fondamentale nell'attribuzione dell'emozione che si vuole suscitare. Gli auditori possono essere giovani, adulti e vecchi, per cui un giovane passionale può essere più propenso a dare fiducia là dove un anziano inacidito dal tempo e dai ricordi può essere restio a concedere il beneficio del dubbio; a loro volta, ciascuna categoria è divisibile in nobili, ricchi e potenti, per cui la condizione economica e l'estrazione sociale influenzano il giudizio.

Arriviamo finalmente al cuore delle argomentazioni aristoteliche: esempio ed entimema.

L'**esempio**, purché resti ancorato all'oggetto del discorso, può essere vero (tratto da un evento accaduto) o falso (come una fiaba).

L'esempio può essere un buono modo di inserire una premessa a un **entimema**, che abbiamo già descritto prima, andando quindi a instillare un dubbio nella platea conducendolo a un **ragionamento logico** e concludendo con un **motto**, un'affermazione di carattere universale che rimarrà impresso come un sigillo nel pubblico.

La retorica di Aristotele, libro terzo: il messaggio

A questo punto, Aristotele ci spiega l'importanza del **messaggio**, di come debba essere costruito, confezionato e consegnato a chi ci ascolta.

Lo stile in cui ci esprimiamo può prendere in prestito **artifici poetici**, può fare variazioni di prosa, usare metafore, ma tutto andrebbe calibrato a seconda del pubblico, la costante molto importante è che si debba seguire un ritmo per tenere alta l'attenzione, come se si stesse recitando (Aristotele propone proprio di impratichirsi anche in quest'arte); il fine ultimo è quello di far provare piacere all'uditorio, ed è per questo che associa la retorica alla poetica. A ben pensarci, anche oggi siamo sempre meglio disposti ad ascoltare qualcuno che espone in modo musicale il suo tema, senza quasi accorgerci del passare del tempo.

Per concludere, il filosofo greco propone un riepilogo funzionale in forma di parti del discorso:

1) Esordio. Incipit del discorso, in cui spiegare di cosa si sta per parlare;

2) Narrazione. L'esposizione del discorso, breve ma che entra nel vivo e spiega il cuore della discussione in atto;

3) Dimostrazione. L'elenco delle prove a carico della propria tesi o dell'antitesi della tesi altrui da confutare;

4) Epilogo. È qui si dovrebbe calcare di più sull'emozione da lasciare al pubblico

Retorica: "astuzia" al servizio di un bene

Non è un caso se ho voluto prendere ad esempio Aristotele, e l'ho fatto per due motivi che ritengo molto validi:

1) 2300 anni fa gli uomini avevano le stesse necessità di comunicazione e reagivano facendosi persuadere con artifici retorici. È sbalorditivo pensare a quanto siano ancora attuali le parole di Aristotele e di come la sua Arte della Retorica sia ancora oggi un manuale squisitamente utile e ancora valido nonostante i ventitré secoli di distanza tra noi e il filosofo;

2) La retorica non è l'arte di "fregare" la gente, non è l'artificio dei lobbisti che consegnano la politica e la cultura nelle mani di chi fa profitto privato, ma è uno strumento a disposizione di tutti e che in passato ha permesso in tante occasioni di rendere giustizia, di far progredire scienza e conoscenza.

Essere "furbi" non basta e, alla lunga, pensare solo a quello che conviene a te a discapito degli altri, non conviene.

Oratori del foro romano e le loro lezioni di persuasione

A tal proposito, sempre prendendo a prestito le parole di autori classici, ci spostiamo a Roma dove Marco Tullio Cicerone nel suo *"De Oratore"*, in cui si può desumere che un buon discorso può essere preparato a tavolino o portato avanti con l'improvvisazione, ma si rende comunque necessaria una buona preparazione a livello culturale. L'oratore può costruire il suo intervento con *"inventio, dispositio et memoria"*, rispettivamente, l'elenco degli argomenti, la loro disposizione nel discorso e l'uso di artifici metaforici; chi invece vuole andare a braccio, deve considerare l'idea di non usare parole complicate, limitare le argomentazioni filosofiche, essere conciso e diretto e far fede a uno scheletro a cui tenere fede all'elocutio, gli argomenti in discussione, e l'actio, la loro declamazione.

Di diverso avviso l'autore latino Quintiliano, il quale nel tredicesimo libro del *"Institutio Oratoria"*, prende in esame la tesi proprio di Cicerone, *"vir bonus dicendi peritus"*, ovvero "l'uomo di valore è un abile oratore" ma pone ancora di più l'accento sul contenuto morale della persona che deve parlare, piuttosto che sugli artifici retorici in suo possesso. L'autore intendeva ricondurre la necessità di riportare la cultura al servizio dei valori morali, ma per quanto ci riguarda, possiamo interpretare tale esortazione ad essere effettivamente inattaccabili dal punto di vista etico agli occhi di chi dobbiamo persuadere. Farò un esempio estremamente pratico e poco filosofico: tempo fa un mio amico si decise a rimettersi in forma dopo aver avuto alcuni problemi di salute che, costringendolo all'immobilità, gli avevano fatto acquistare un discreto numero di chili in eccesso. Preoccupato per la sua salute più che per il suo aspetto, l'amico in questione cercava metodi efficaci per perdere peso e mi raccontò che più cercava, più riceveva consigli... da chi però aveva più bisogno di lui di una dieta e di un programma di esercizi mirati. Quando lo rividi dopo quasi un anno mi congratulai per i suoi risultati. "Come hai fatto?" gli chiesi. "Semplice, ho smesso di ascoltare i consigli di chi vorrebbe perdere peso e ho iniziato a seguire quelli di chi ci era effettivamente riuscito." Analogamente agli esperti contattati dal mio amico, il buon oratore di Quintiliano deve essere l'esempio vivente dei valori che vuole promuovere. Un fumatore incallito potrebbe conoscere venti sistemi per smettere di fumare, ma sarebbe un pessimo sponsor per tutti e venti; allo stesso modo, le persone che hanno problemi di sicurezza, che vogliono superare dei traumi o che hanno difficoltà relazionali sanno sempre consigliare metodi efficaci per smettere di soffrire delle condizioni che li attanagliano. Attenzione, perché qui entra in gioco un meccanismo commerciale, fiutato da personaggi poco onesti, che vivono sulle spalle di chi soffre proponendo delle "finte" lezioni di vita spesso caotiche e approssimative; è un tipo di business contrario proprio all'etica Quintiliana: la differenza tra persuadere e ingannare sta nel fatto che chi persuade lo fa perché ha intenzioni oneste e crede in quello che dice, chi inganna nasconde le proprie intenzioni e probabilmente sa che le sue parole sono vuote. Non vale neanche pensare a un "inganno a fin di bene", come il proverbiale fine che ne giustificherebbe i mezzi di machiavelliana memoria, perché una volta scoperto il trucco (e prima o poi la verità viene sempre a galla) ogni possibile effetto positivo si perderà, qui compresa anche la fiducia faticosamente raccolta.

Dagli autori latini qui esaminati possiamo dedurre che l'oggetto di una comunicazione di successo non può essere il semplice atto di "convincere" l'ascoltatore, così come senza la ricerca della verità e dell'onestà non si può essere buoni oratori, e di conseguenza non si potrà persuadere le persone, soprattutto al fine di creare un rapporto solido e duraturo.

Esercizio "aristotelico", "ciceroniano" e "Quintiliano"

Ora prova a prendere carta e penna, elenca le parti del discorso che vorresti pronunciare ed esercitati come ci ha insegnato il filosofo. Sii breve, massimo un minuto, e comincia ad allenare la tua mente a portare la tua orazione in punti semplici che partano da un esempio, sviscerino un "dubbio", elencando i capisaldi della tua tesi e finendo con un'affermazione categorica come un modo di dire, un motto o un proverbio (o una frase di tua invenzione che lasci il sapore di un detto proverbiale); l'importante è che tu rimanga concentrato su quell'oggetto di discussione, senza divagare.

Prova poi a usare i due metodi proposti da Cicerone, ovvero andare a braccio a partire da un tema, usando meno parole possibile, o struttura invece un'argomentazione con un elenco, studia la loro collocazione ideale e concludi con una metafora.

 Infine, andando a utilizzare la morale di Quintiliano, prova a imprimere la tua convinzione profonda partendo da una tua virtù. "Sapete tutti che io sono molto attento a questo tema" potrebbe essere un buon incipit con cui creare un punto fermo del discorso e accattivarvi la simpatia di un eventuale pubblico, o come avrebbe detto Cicerone, usando la *"captatio benevolentiae"*.

Quando serve la persuasione

Persuadere gli altri non è una strana magia con cui convincerli a fare quello che vogliamo, né un campo puramente teorico di dissertazione per chiacchiere da salotto conditi da numerosi aneddoti storici e filosofici. In realtà, saper dare un punto di vista interessante e fare breccia nell'attenzione dell'interlocutore può essere essenziale per diversi tipi di lavoro, dal marketing alle professioni sanitarie, e per motivi educativi come nell'insegnamento o nelle relazioni familiari come quella genitore-figlio. Convincere gli altri è un atto che richiede non solo autorevolezza e sicurezza, ma anche compartecipazione dei processi psichici-emotivi dell'interlocutore.

Quello di cui dobbiamo essere coscienti è che, al pari di un superpotere, la persuasione serve a metterci in una posizione in cui siamo responsabili di quello che proponiamo. Se io ti persuado a comprare una macchina, è naturale che la persona che esegue l'acquisto veda in me un responsabile di tale transizione, perciò più io sono sicuro della validità di tale azione più potrò essere persuasivo, perché so che altrimenti qualcuno me ne verrà a chiedere conto. Se non posso essere altrettanto sicuro, non ho l'occasione di persuadere (a meno di non voler ingannare, cosa che porterebbe prima o poi a conseguenze dannose).

La prima cosa che ti devi chiedere, quindi, è "perché voglio persuadere questa persona"?

Per finire questa introduzione, ti propongo un esercizio: pensa a un momento in cui volevi persuadere qualcuno e non ci sei riuscito o a una discussione in cui temi di non riuscire a fare breccia nella diffidenza dell'altro e chiediti: a parti invertite, sarei stato persuaso? E se no, come avresti potuto migliorare quell'interazione?

PARTE I

"Avere ragione" o "essere ragionevoli"

C'è un film chiamato "Thank you for smoking" in cui un lobbista delle aziende produttrici di sigarette spiega a suo figlio come avere ragione.

In un finto dibattito sul miglior gelato proposto dall'uomo, il figlio difende la posizione del gusto al cioccolato come miglior tipo di gelato, mentre il padre quello alla vaniglia. In sintesi, il padre gli dice "Tu pensi che il cioccolato sia il gusto migliore del mondo, ma non potrai mai convincermi del contrario. Ma a me in realtà non sta a cuore la vaniglia, che è il mio gusto preferito, per me è importante la libertà di poter scegliere tra cioccolato e vaniglia e mi batto per questa libertà." "Ma non stavamo parlando di questo!" "Io sì, e così ho ragione. E se ho ragione, tu hai torto".

Questo è un ottimo esempio di persona che vuole solo avere ragione. Può non sembrare serio, ma se questo tipo di discorso pieno zeppo di infantilismo viene elevato ad argomentazione per discussioni di carattere legale o politico, abbiamo molto più chiaro come alcuni personaggi assolutamente incapaci, siano arrivati a ruoli di potere considerevoli. Non hanno mai affrontato apertamente i problemi che riguardavano loro le loro amministrazioni in esame, hanno solo elencato con un artificio retorico cose che non erano alla base della discussione, spostando il focus e portando l'attenzione su un campo in cui uscire indiscutibilmente vincenti. Basta non essere ragionevoli ma pretendere solo di avere ragione.

Nelle relazioni, questo tipo di pretesa è deleteria. Un mio amico aveva una ragazza talmente gelosa da immaginarsi situazioni inesistenti e chiedeva al ragazzo "cosa sarebbe accaduto se…" ed elencava situazioni inverosimili di possibile promiscuità con il mio amico come colpevole. Questo tipo di processo non ammetteva repliche perché, alle antitesi proposte, quali "non esiste neanche il caso" o "non ti tradirei", la ragazza spostava il focus su altre presunte mancanze o difetti del malcapitato. "Se avevo ragione su quel trasloco allora ho ragione anche su questo!" e anche senza una vera correlazione logica, con un triplo salto carpiato della frittata, dava l'impressione di essere vittima di un complotto.

Si può vincere una simile resistenza solo se si riesce a ragionare sull'oggetto del dibattito onestamente. Non si può ragionare con chi non ne ha intenzione, purtroppo, ma soprattutto, ti esorto a **non essere mai tu questo tipo di persona**. Già secondo Aristotele le emozioni del tuo interlocutore sono alla base del successo in un dibattito, cosa credi che succederà sul lungo periodo quando chi ti conosce sa che non sei ragionevole se vuoi solo "avere ragione" a tutti i costi? Oggi le emozioni sono ancora più importanti, sia in campo di vendite e marketing che nella gestione delle relazioni interpersonali. Questo perché, come spiegava il sociologo Ortega y Gasset, più o meno un secolo fa, la società ha scoperto l'individuo e l'individualismo, per cui le emozioni personali sono diventate spesso più importanti di quelle collettive. Il modo più facile di rompere una relazione è insinuare che si abbia sempre ragione anche quando non se ne ha per niente; il modo più semplice di perdere clienti o farci licenziare è quello di proporre argomentazioni che non sostengono la qualità del nostro prodotto, servizio o lavoro; il peggior modo di interagire con gli altri è crederci "furbi", come dicevamo prima.

Persuadere, non manipolare

Dicevamo nell'introduzione di come l'arte della persuasione abbia pervaso la memoria mitologica, portandola a essere oggetto di scambio con divinità e semi divinità operanti proprio in questo ambito. Nella Bibbia cristiana, invece, i persuasori non sono i personaggi più virtuosi, ma sono visti come astuti e ingannevoli seduttori. Al giorno d'oggi, la presa di coscienza individuale ha portato le persone a porre problematiche di natura personale e identitaria nei confronti degli interlocutori e, a fronte di un deterioramento dei rapporti del tessuto sociale, si teme che l'arguzia altrui sia capace di portare vantaggio a qualcuno a discapito però di un soggetto "ingannato" tramite la persuasione. La diffidenza verso i moderni "serpenti" che ci propongono di mangiare mele proibite non è ingiustificata: chi ha conosciuto il mondo del marketing sa che molto spesso gli operatori sono incitati (in alcuni casi "costretti") a usare tecniche manipolative del discorso, omissioni, interpretazioni ambigue. Avete fatto caso che molti venditori di servizi di fornitura energetica, gas e telefono NON si qualificano fin dall'inizio come impiegati della propria azienda, ma invece vengono incitati a usare parole neutre con cui presentarsi? Per esempio, spesso dicono tramite il citofono "Buongiorno, sono qui per la bolletta della luce, mi apre?" e ciò viene interpretato dall'ignaro inquilino come una richiesta di un fattorino incaricato di mettere la fattura nella buca delle lettere, invece si trova davanti una persona munita di un cartellino identificativo appeso alla giacca che chiede di verificare un documento dell'utenza. Vedremo più avanti come tali elementi para verbali e non verbali siamo scelti accuratamente per creare un percorso comunicativo specifico. Solo alla fine di una lunga tiritera su prezzi, fasce orarie, aliquote e percentuali, il commesso si rivela per ciò che è: un dialogatore porta a porta, pagato spesso a cottimo a seconda del numero di contratti sottoscritti. Il nostro mondo è pieno di "offerte" che poi si rivelano molto poco vantaggiose, clausole scritte in piccolo o da cercare su allegati o link che non possiamo verificare nell'immediato, informazioni fallaci, pubblicità ingannevoli per cui le aziende preferiscono pagare multe ai garanti sulle leggi del mercato pur di non perdere cospicui guadagni. È più che normale che le persone, quando non possono avere ragione o essere ragionevoli, diventino diffidenti con l'esperienza.

La diffidenza

Purtroppo, la diffidenza non è un male assoluto, ma quasi un "male necessario" per molti. Un po' come la paura che ci insegna a non reiterare un comportamento pericoloso o dannoso, la diffidenza ci consente di valutare con cura e attenzione la situazione per non doverci pentire in un secondo momento della scelta fatta.

Il problema, in un mondo che ci bombarda di alternative inesistenti e di scelte frivole e che non incidono realmente sulla qualità della nostra vita (se non in peggio, talvolta), è che non si può essere razionalmente sempre diffidenti; inoltre, si rischia di sfociare in un atteggiamento inutilmente aggressivo verso gli altri.

Esperienze negative continue impediscono alle persone di aprirsi a dei cambiamenti positivi; pensiamo a una persona che ha avuto una delusione amorosa molto profonda, come un divorzio burrascoso o una rottura dovuta a un tradimento: sarà molto difficile che questa persona si ponga nelle mani di un altro partner e, d'altro canto, sarà molto difficile persuaderla ad aprirsi col prossimo.

La lezione da trarre, in campo relazionale come in quello professionale, è che la diffidenza si vince con la rilassatezza: quando qualcuno si può rilassare in presenza di un interlocutore propositivo e che sa attrarre la fiducia, ecco che abbiamo uno spiraglio, una breccia in cui poter intravedere una soluzione.

Vedremo più avanti i segni inconsci che porta sulla propria fisicità la persona diffidente. Quando abbiamo chiaro che la persona di fronte a noi ha paura del cambiamento che gli stiamo proponendo, non dobbiamo avere fretta. Una persona che ha avuto una brutta esperienza non può essere semplicemente ributtata nella situazione che rifugge con ansia, il classico detto "risalire a cavallo dopo che si è caduti" può essere applicato solo ad alcune situazioni.

Conquistare la fiducia del prossimo richiede dedizione, costanza e tempo. Attenzione, perché se noi per primi non crediamo che non ne valga la pena o non riteniamo tale sforzo realistico, prima o poi la nostra costruzione di fiducia crollerà miseramente.

Se credo che una relazione abbia senso di esistere posso proporre uno sforzo alla persona diffidente verso l'amicizia o il romanticismo. Se penso che quello che propongo sia davvero un buon affare, potrò fare breccia nella persona che è stata truffata in passato da venditori disonesti.

Intelligenza emotiva e persuasione

Siamo abituati a valutare le persone in base alla loro capacità di risolvere problemi di tipo logico-matematico e di acquisire nuove informazioni, sulla loro predisposizione a imparare nuovi schemi e riproporli. Certo, queste abilità sono necessarie fin da quando esiste l'Homo Sapiens e ci permettono di evolvere in quanto specie, ma da sole non bastano per equilibrare le grandi potenzialità tecniche in nostro possesso con tutte le necessità umane di cui dover tenere conto. Tra queste necessità c'è anche l'esigenza di sentirsi al sicuro, a proprio agio e in sintonia con il gruppo di pari con cui si tessono delle relazioni sociali. Una volta ho sentito un detto che riassume perfettamente questa difficoltà: siamo l'unica specie capace di progettare il viaggio nello spazio e teorizzare quello nel tempo, ma senza considerare il fattore "umano" rischiamo di colonizzare l'universo di mostri. Questo vuol dire che se "si può fare" una certa cosa, non vuol dire anche che "si deve fare" quella cosa. A porre limiti morali ed etici, troviamo il più umano dei fattori mentali: quello emotivo. Il Quoziente Emotivo misura la capacità dell'individuo di trovare soluzioni che diano un vantaggio sul lungo periodo, misurabili però non in beni materiali o in vantaggi "tangibili", ma in serenità, coesione sociale, empatia. L'intelligenza emotiva si occupa del modo in cui ci relazioniamo al mondo e di come essere felici con quel che abbiamo. Tale dote accompagna la nostra intelligenza logica e, per la legge universale di causa-effetto, può aiutarci a costruire le giuste strategie con cui comunicare in modo efficiente e rilassato.

Partiamo dall'assunto dell'indimenticabile attore Robin Williams nel film "Carpe Diem – Cogli l'attimo fuggente": le materie che si occupano di attività tangibili, del vivere materiale, sono quelle che ci consentono di vivere; quelle che invece indagano la metafisica che influenza i nostri comportamenti e le nostre preferenze personali, sono le attività per cui vale la pena vivere la vita. Anche accumulare beni e ricchezze non serve a niente se non troviamo una fonte di ispirazione, una causa a cui votarci, un modo di trarre soddisfazione. La persona definita "intelligente" dalla nostra società è adatta a uno stile di vita in cui ottenere e possedere molte cose; la persona dotata di intelligenza emotiva è felice e si accontenta con quello che ha e dà il giusto valore a ogni cosa. L'intelligenza logica che premia solo l'ottenimento di un numero maggiore di oggetti si scontra con il fatto che, realisticamente, ciò non sostenga l'idea di completezza e felicità ottenibile invece con l'accontentarsi.

Se ci pensiamo bene, partire da ciò che abbiamo (e non da ciò che vorremmo o che la società dei consumi ci persuade di volere) è il miglior modo di iniziare a prenderci cura di un problema e risolverlo.

La persona che elabora eventuali problemi con l'Intelligenza Emotiva sarà più propensa a riflettere sulla soluzione e meno sulla "gravità" del problema, non si lascerà sopraffare dalla difficoltà che deve affrontate, ed elaborerà meglio una strategia usando gli strumenti a disposizione.

Viene quindi da chiedersi, a questo punto: quali sono gli strumenti più efficaci dell'Intelligenza Emotiva da usare per la comunicazione persuasiva?

Lo scopriremo nel prossimo paragrafo.

Gli strumenti emotivi per la comunicazione persuasiva

La simpatia

Per i puristi della linguistica, la simpatia andrebbe definita come "l'abilità di comprendere il dolore altrui" dato il suffisso "pathos", traducibile come "sofferenza". In questo campo, però, sarà meglio pensarla come "l'abilità di comprendere lo stato d'animo altrui", ma soprattutto di interagire con gli altri basandoci sulle loro emozioni e sintonizzandoci sul tono del contesto con cui siamo venuti a contatto. D'altro canto, parlando in maniera realistica, le persone che oggigiorno consideriamo "simpatiche" sono quelle che ci sollevano l'animo con un po' di buonumore, quelle con cui parlare in maniera aperta e con cui lasciarci andare a delle confidenze personali.

Essere simpatici è essenziale per persuadere qualcuno. Adesso prova un piccolo esercizio: chiudi gli occhi e immagina una persona che ti sta molto simpatica. Nel visualizzarla, ti sarà chiara la natura della dinamica sociale in cui siete coinvolti; potresti aver visualizzato un momento specifico in cui vi siete ritrovati e avete affrontato un certo tipo di discorso, ma soprattutto avete usato l'elemento emotivo dell'**ascolto attivo**. Ascoltare è fondamentale per inspirare simpatia. Sapere di essere ascoltati e presi in considerazione da qualcuno ci ispira un moto di affezione, in quanto qualcuno sta usando una risorsa inestimabile per noi: il suo tempo.

In poche parole, ascoltare e dedicare tempo alle parole altrui genera l'appagamento di un bisogno umano tante volte sottovalutato: le persone vogliono essere considerate, capite e, solo dopo, vogliono essere consigliate.

Chi appaga questo bisogno entrerà nella cerchia dei "simpatici" e avrà un posto d'onore nella considerazione altrui quando parlerà a sua volta di qualcosa su cui vuole portare l'attenzione.

L'empatia

Essere "empatici", discostandoci dalla definizione letterale, è in buona sostanza la capacità di compartecipare dello stato d'animo della persona con cui stiamo interagendo. Proviamo a pensarlo come una sorta di radar delle emozioni a cui però nessuna scuola ci ha addestrato all'uso. Mettiamo il caso di vivere in un condominio e che, a un certo punto, sentiamo i nuovi inquilini gridare per un litigio: non sarebbe strano sentirsi agitati anche se noi non stiamo litigando con nessuno! Attenzione: questo però non vuol dire che l'empatia ci ponga solo in condizioni sgradevoli, la nostra mente ha per fortuna diversi filtri per l'attenzione e quello che dobbiamo fare è abituarci (ed esercitarci attivamente) al fine di comprendere e compartecipare a quello stato emotivo, ma anche di selezionare una nostra risposta interna proporzionata ai nostri bisogni: non è necessario litigare con il nostro partner a nostra volta, solo perché i vicini stanno urlandosi contro tra di loro!

L'empatia serve a sintonizzarsi e comprendere le ragioni dell'altro perché anche noi siamo capaci di provare quel tipo di stato d'animo.

E se non possiamo comprendere tali stati d'animo? Tanti problemi di coppia, conflitti di genere e scontri generazionali derivano, per esempio, dalle incomprensioni incolmabili che si trovano fra persone con ruoli dicotomici, molto distanti tra loro, per cui per esempio un uomo non può essere "empatico" con una donna che partorisce, solo perché una volta a calcetto si è slogato una caviglia e quindi ha provato molto dolore; un genitore che ha vissuto in un periodo storico in cui il potere d'acquisto medio era quattro volte superiore a quello della generazione dei suoi figli, non può ridurre i loro problemi economici per diventare autonomi alla sua esperienza personale in cui "bastava stringere i denti e andare avanti".

L'empatia smette di essere tale quando anziché andare incontro alle emozioni altrui si antepone la propria percezione personale, con la pretesa di imporla universalmente. Il marito con la caviglia storta a calcetto o il padre che, non senza fatica, ha ottenuto casa e pensione, non si sono sintonizzati per niente con l'interlocutore ma stanno invece restando chiusi nella propria esperienza personale.

Per vivere con gli altri non possiamo trincerarci nelle nostre posizioni, dobbiamo necessariamente trovare un contatto emotivo. Essere empatici vuol dire mettersi nei panni altrui, non pretendere che l'altro indossi i nostri e soprattutto, vuol dire evitare giudizi di valore sulla percezione delle difficoltà.

Quella che per noi può non essere una grande difficoltà, può essere motivo di sofferenza per gli altri.

Senza un minimo di relativismo non ci può essere empatia. Siamo tutti diversi, tutti unici e irripetibili, e non ci può essere una comprensione "totale dell'altro", chiaramente, ma non ci si può neanche negare il tentativo di guardare il mondo con gli occhi dell'altro. Senza fare questo sforzo, non si potrà mai avere un dialogo aperto e costruttivo.

La compassione

La compassione non deve essere vista come una inclinazione di un carattere "debole", arrendevole o compiacente.

È compassionevole chi è abbastanza forte da decidere se manifestare tale abilità: non è forte colui che può nuocere agli altri, ma chi agisce per fare del bene e aiutare soprattutto chi ha subito dei torti. In campo comunicativo ci rendiamo conto di quanto facilmente si possano incontrare persone che hanno un idioletto[8]

---

[8] Col termine "idioletto" si intende il modo specifico di parlare di una persona, il quale ha profonde radici culturali e riflette ragionamenti, sistemi di credenza, ideologie e interventi del substrato cosciente. Il modo di parlare, quindi, dice involontariamente di più sulla persona di quanto questa voglia dire di sé stessa volontariamente.

impoverito da esperienze pregresse negative e che reagiscono in maniera distruttiva a causa dei pattern comportamentali consolidati per un dialogo interiore negativo. Lì, la compassione si rivela essere un incredibile strumento per "disinnescare" le personalità che vivono in uno stato ansioso di diffidenza cronica.

Mostrare interesse, oltre che mettere il proprio tempo a disposizione dell'altro è sicuramente un buon punto di partenza, ma avere una condivisione di valori basata sulle emozioni in campo, supera le aspettative della maggior parte delle persone. Comprendere senza giudicare le fragilità e le spigolosità altrui serve per andare oltre il muro che, chi più chi meno, tutti ergiamo a difesa del nostro nucleo emotivo. Fare breccia in quel muro non è possibile se non con la gentilezza.

Non è possibile essere compassionevoli se non ci interessa arrivare a un fine ultimo migliore.

Qualcuno, infatti, arrivati a questo punto, potrebbe obbiettare che io stia proponendo di "simulare" emozioni e interessi. Nulla di più sbagliato. Poniamo l'esempio del lavoro in cui si deve coordinare una serie di abilità e mansioni al fine di raggiungere un obbiettivo aziendale: il manager. Una certa narrazione moderna descrive questa figura come una sorta di squalo senz'anima, votato a macinare persone e sentimenti in nome del profitto. Non c'è bisogno di essere "manager" per essere avidi, così come non è detto che chi si deve occupare di un compito del genere sia privo di Intelligenza Emotiva, anzi: chi si intende di gestione imprenditoriale conosce molto bene l'impatto delle emozioni sul posto di lavoro e sa che, in un'azienda, i problemi sono anzitutto di natura relazionale. Quando si smette di vedere nel prossimo un muto ingranaggio di un meccanismo, ci si rende conto che ogni parte dell'azienda è una cosa viva, con peculiarità e identità tali da renderlo una risorsa che può rendere molto di più di quanto preventivato: basta saper ascoltare ciascuno per trovare più soluzioni ai problemi e superare le difficoltà anziché passare sopra tutto e tutti, senza guardare in faccia nessuno.

Per certe filosofie, la compassione è legata al concetto di interconnessione continua, cioè la contiguità che esisterebbe per una serie di fattori causa-effetto tra tutte le cose. In sintesi: ogni cosa ne influenza un'altra. Immettere volontariamente positività o negatività in questo flusso interconnesso genera necessariamente delle conseguenze, perciò, nel dimostrarci compassionevoli e ragionevolmente aperti agli altri, staremo spingendo verso un principio ordinato anziché verso un possibile e catastrofico caos "disempatico".

A livello relazionale personale, poi, non è necessario ricorrere a complicate metafore per capire che una persona antipatica, cioè quella con cui non si riesce a condividere valori ed emozioni, è quella per cui proviamo naturalmente avversione. Essere antipatici a nostra volta può portarci benefici sul lavoro, in famiglia o con gli amici? No. E allora forse conviene davvero pensare che coltivare la compassione non è una forzatura ma che, pur facendo i nostri interessi, ci conviene essere persone migliori e considerare le emozioni altrui come elementi di grande valore: riconoscendole, accettandole, comprendendole e proteggendole ci stiamo aiutando. Con questo tipo di atteggiamento non possiamo che guadagnarci.

Emozioni in campo

Dall'altra sponda della diffidenza troviamo la **fiducia**, ma non è la sola emozione che può giocare un ruolo fondamentale nelle interazioni, soprattutto quando si vuole vincere un atteggiamento schivo e impaurito.

La fiducia pone delle prospettive di interazione continuative nel tempo, indica una certa apertura all'altro e propone l'azione di ritrovarsi nel tempo per perseguire un impegno preso.

Intimamente connessa alla fiducia, troviamo la **speranza**. Oggetto di diatribe mai sopite, per i pessimisti è l'ultimo male del vaso di Pandora che impedisce di riposare, per gli ottimisti è il motore che ci permette di dare l'ultimo colpo di reni per raggiungere l'obbiettivo e di non arrenderci. A guardarla come osservatori esterni della discussione tra pessimisti e ottimisti, la speranza rappresenta un bene o un male non di per sé, quanto piuttosto a seconda dello stato d'animo e della predisposizione di chi la valuta. Nel nostro caso, siamo portati ad avere speranza e promuoverla per consolidare una comunicazione persuasiva. Per vare la fiducia altrui e vincerne la diffidenza, dobbiamo portarli a pensare che nell'interagire con noi avranno modo di avere un piacere. Andiamo cioè a stimolare l'**attrazione** di cui abbiamo detto nell'introduzione di questo libro. Pensare di essere attraenti non va inteso in questo contesto come "attrarre in maniera sensuale e per scopi sessuali o romantici gli altri": essere attraenti in ogni contesto comunicativo vuol dire più che altro essere "**simpatici**", cioè portare gli altri a pensare che siamo una valida risorsa nel campo in cui ci proponiamo e che diamo sicurezza, fiducia e speranza a chi vuole avvicinarsi a noi. Questo non vuol dire che dobbiamo trasformarci in una sorta di santone che si accolla ogni male altrui o che propone la panacea per ogni male, né che la nostra partecipazione possa essere ridotta a quella di un "giullare" che risolleva l'umore generale con poca serietà, sia chiaro; essere simpatici nella comunicazione vuol dire che di fronte alle problematiche individuali e collettive ci poniamo con quell'atteggiamento vincente di chi è sia empatico che compassionevole. Essere simpatici agli altri e mantenere alta la loro attenzione verso la nostra disponibilità a prendere tempo per loro ed essere fortemente collaborativi li attrarrà perché diamo valore alle loro emozioni e al loro tempo. Ad ogni modo, possiamo anche pensare che l'attrazione possa essere valutata attraverso la sua controparte negativa: l'**avversione**.

"Avversione" sembra sempre una parola molto negativa. Pensare che qualcuno la provi nei nostri confronti ci può gettare nello sconforto o per lo meno indurre uno stato di fastidio. In realtà ci possono essere molti fattori razionali per cui una persona può provarne: l'avversione verso ciò che fa male, verso ciò che è ingiusto o verso ciò che, per esperienza diretta, ha avuto delle conseguenze negative non solo è giustificata ma è uno dei meccanismi che soggiace all'apprendimento. Non giudicare mai una persona che ha delle resistenze verso qualcosa o qualcuno, poichè potrebbe avere i suoi motivi, e talvolta questi motivi potrebbero essere validi. Finché non parliamo di "pregiudizio", là dove quindi chiudiamo la porta in faccia a qualcuno, l'avversione aiuta a fare una cosa che molto spesso viene sottovalutata nella comunicazione: dire "no". È molto meglio avere un interlocutore certo di quello che "non vuole" piuttosto che averne uno incerto o, peggio ancora, che ci dà false speranze per poi tirarsi indietro. La manifestazione di avversione può essere tramutata inserendo la fiducia nel nostro percorso comunicativo, mentre una "finta via diplomatica" non farà altro che generare perdite di tempo per entrambe le parti in causa. L'avversione più irrazionale è quella che viene dettata dalla paura. Perché dico che è "irrazionale"? È molto semplice: se io rischio di venire investito da una macchina, sul momento sentirò attivarsi i centri nervosi deputati alla mia autoconservazione, con una serie di riflessi fisiologici periferici che mi permetteranno di aumentare le probabilità di sopravvivere a una minaccia. La paura, in quel momento, è assente, ma si manifesterà in maniera arbitraria e casuale in momenti assolutamente scollegati al reale pericolo di essere investiti. Avrò paura nel guardare in film, avrò paura nell'addormentarmi, avrò paura nell'attraversare una strada anche se deserta. Parimenti, comunicherò in maniera caotica e nervosa quando mi sembrerà di percepire quei fattori ansiosi che hanno connotato un evento (o che io attribuisco arbitrariamente a quell'evento). Torniamo cioè alla diffidenza, ma con un meccanismo più complesso. La "cura" resta la stessa: pazienza, empatia e tempo. Possiamo però orientare intelligentemente la nostra conversazione, pilotandola verso quegli obbiettivi di **sicurezza** che la persona impaurita e che prova avversione vuole per sé. **Rassicurare** non significa mostrare con fredda logica l'assenza di pericoli: lo sa anche il nostro interlocutore; vuol dire far percepire una proiezione futura di una immagine del sé che sta meglio, messa in salvo da minacce e situazioni ansiose.

Essere sicuri di sé stessi

Una delle resistenze maggiori quando si parla di comunicazione persuasiva, che si tratti di un corso sulla gestione imprenditoriale o di un intervento sull'attrattività, è convincere le persone che si può essere più sicuri di sé.

Prima che chiunque possa obbiettare, faccio presente che "essere sicuri di sé" non è una dote innata. Nasciamo tutti con le stesse griglie di apprendimento per pattern programmate per la nostra specie, e questa porzione di materiale genetico ha percentuale irrisoria di responsabilità nella buona riuscita di questa operazione.

Tutti, e dico tutti, siamo capaci di essere sicuri di noi stessi.

Metto subito un primo paletto: un conto è "essere sicuri di sé", un altro è "mostrare fiducia in sé stessi", perché mentre si deve essere concentrati su un obbiettivo sia interno che esterno nel primo caso, nel secondo molti interpretano questa abilità come un "far finta di sapere di cosa si sta parlando" per poi sperare che vada tutto bene (che è anche un ottimo modo per essere bocciati agli esami all'università o far fallire dei meeting di lavoro).

La sicurezza va programmata.

Al pari di ogni altro compito che devi portare a termine, anche quello di accrescere la tua attenzione verso le tue capacità andrebbe messa in agenda, proprio come fai per l'appuntamento dal meccanico o la scadenza di una rata da pagare. Quando sai di dover affrontare un momento delicato in cui dovrai far valere la tua opinione, programma un "ripasso" delle convinzioni positive con cui presentarti in tutta serenità al tuo interlocutore. Arriva all'appuntamento sapendo già cosa vuoi dire, parla di quello che ti sta più a cuore circa l'argomento da sviscerare, ma non trascurare gli altri dettagli. Sempre tornando all'esempio dell'esame, trova degli argomenti su cui mettere il focus delle tue risposte, ma non eludere le domande. Se invece hai un appuntamento di natura romantica, pensa a quello che ti interessa, a quello che interessa la controparte e trovate un campo comune.

Se provi a ostentare una sicurezza che non possiedi, rischi di sembrare arrogante, e ti prego di non essere mai arrogante, non provare a "schiacciare" le argomentazioni e gli interessi altrui; piuttosto, usa gli strumenti emotivi della simpatia, dell'empatia e della compassione per proporre il tuo punto di vista e suscitare simpatia, empatia e compassione nei tuoi confronti.

Non provare neanche a spingere sul pietismo: alcuni equivocano il consiglio di suscitare empatia e compassione con una forma di vittimismo, e questo è un ottimo modo per essere scartati a favore di un altro candidato. Appellarsi alla compassione altrui tramite un lamento (per lo più insincero), infatti, si chiama "manipolazione passiva", ed è un po' come andare a mangiare fuori casa, dover scegliere il ristorante e vedere l'insegna che dice "Tanto lo so che la pizza degli altri è migliore, la mia non è così buona, e anche sul resto non me la cavo bene". Nessuno entrerebbe in un locale del genere, e probabilmente pochi resterebbero a leggere l'intero costrutto auto-denigratorio. Empatia e simpatia, usate in contesto di costruzione del sé positivo, devono costruire un percorso paritario, un ponte che unisce: non sono un "gancio di salvataggio" che porta verso l'alto qualcuno che si trova in basso, e se usati in questo modo, tali strumenti rischiano solo di trascinare tutti i partecipanti alla discussione verso il basso e affossare l'interazione. Immagina, quindi, che questa tua identità sicura ti porta verso gli altri. Se l'interazione non funziona, pazienza, te ne farai una ragione e troverai il modo o di ridimensionare o di passare oltre: non è la fine del mondo. Molte persone sono convinte che "saperci fare" con le persone sia un imperativo assoluto sociale, col risultato di imprimere una forma di impegno alle proprie conversazioni da risultare forzate… col risultato di allontanare le persone. Non si deve per forza ammaliare il prossimo, non lo si deve stordire di auto-elogi che alla fine risulteranno solo fastidiosi. C'è un vecchio adagio che recita "il carro vuoto fa molto rumore" e così sono le persone che, convinte di passare per intraprendenti e molto sicure di sé, parlano così tanto di loro stessi da sbrodolarsi di parole roboanti, finendo per fare la figura dei narcisisti egocentrici[9].

Ecco, nulla di quanto esposto finora è "essere sicuri di sé stessi"; ma allora, cosa lo è?

Come dicevo pocanzi, è un'operazione che richiede sia esercizio che una certa dose di improvvisazione, un lavoro sia interno che esterno alla propria persona.

Per prima cosa, controlla le emozioni come se fossero tangibili sul tuo corpo. Sii capace di governare i tuoi gesti (vedremo nella seconda parte di questo testo come farlo nel dettaglio), ma per ora ti basti sapere che quello che fai con la tua persona fisica rivela quello che pensi nel profondo della tua personalità. Anche se l'altra persona di fronte a te non è un'esperta di linguaggio del corpo e di prossemica, a livello "subliminale" alcuni elementi fisici vengono captati e l'agitazione può trasparire quando non vogliamo. Non è poi così raro: ti sarà

---

[9] Categoria che non si fatica a includere nell'insieme degli "antipatici".

sicuramente capitato almeno una volta in vita di non sentirti a tuo agio ma, per educazione o per convenienza di altro tipo, non potevi rispondere onestamente a chi ti chiedeva "Sei nervoso, per caso?" dovendo invece glissare e raccontare una "bugia bianca" per salvare la faccia[10].

Controlla coscientemente le tue mani e i tuoi gesti, indirizza il tuo sguardo verso la persona a cui intendi inviare il messaggio, porta la schiena in una postura dritta ma non tesa, distendi i muscoli facciali in modo da mostrare neutralità e, a questo punto, inspira, espira e sorridi per poi parlare con frasi semplici. Sottolinea con gesti misurati quello che dici, elenca con le dita eventuali punti da numerare, esprimiti in prima persona sottolineando frasi come "Io credo che..." "La mia opinione..." "In base alla mia esperienza..." ed evita affermazioni vaghe e inconsistenti come "Eh già", "Proprio così" eccetera. Cerca invece di ascoltare a fondo il tuo interlocutore senza paura di esprimere le tue preferenze: tutto sommato, cos'hai da perdere? Niente!

Fonda la tua sicurezza proprio su questo punto: non c'è nulla di realmente "pericoloso" in questa interazione che stai per avere (o almeno, le situazioni in cui un dialogo può essere rischioso implicano che tu faccia un mestiere come la spia o il criminale; in caso contrario, puoi considerarti fuori pericolo!) e la sensazione di

---

[10] Non ti preoccupare: questo tipo di situazioni, in cui entrambe le parti sono consapevoli della "piccola bugia" in corso, sono all'ordine del giorno nella nostra società.

"imbarazzo" è una sorta di bug di sistema del cervello. La nostra materia grigia, infatti, ha una serie di "sistemi di allarme" legate ad alcune aree che vanno dal tronco encefalico all'amigdala, che poi diramano informazioni di vitale importanza alla corteccia e alla neocorteccia. Cosa vuol dire questo, e cosa ha a che fare con la sicurezza di sé e con la comunicazione persuasiva? È molto semplice. La nostra mente è quella di un mammifero che vive in un pianeta abitato da potenziali predatori, alcuni anche molto pericolosi. È programmata per la nostra difesa con due possibili opzioni: fuga o combattimento. Siamo ancora quegli stessi ominidi che fino a pochissime migliaia di anni fa combattevano con pietre e bastoni per la propria sopravvivenza, in relazione con pericoli reali e distruttivi. Sebbene abbiamo sviluppato una società, un sistema di sicurezza esteso pressoché a ogni luogo in cui viviamo, il nostro cervello è lo stesso degli abitatori delle savane e delle foreste che oggi reputeremmo inospitali. I nostri allarmi si attivano con "ingiustificata" violenza di fronte a quell'input che ci fanno schizzare l'adrenalina alle stelle, e a complicare ancora di più tutto questo ci sono una serie di filtri interni, situati per lo più in diversi centri della corteccia più recente, che talvolta ci fanno immobilizzare. Tra i meccanismi più comuni ed evidenti, frutto dei "bug di sistema" del cervello dell'homo sapiens-sapiens, ci sono le risposte fisiche a delle condizioni che di fisico hanno ben poco: se siamo esposti a uno stimolo sensoriale che coinvolge la nostra sfera emotiva, possiamo lacrimare dagli occhi (piangere e singhiozzare) quando tale stimolo descrive una situazione "triste", possiamo esibire una sorta di urlo cadenzato e acuto (ridere) quando esposti a uno stimolo "divertente", e abbiamo una serie di gesti scoordinati, arrossiamo sulle guance, vaghiamo con lo sguardo, sudiamo e battiamo i piedi quando siamo a disagio, esprimendo la volontà profonda di dare retta alle funzioni primitive di autoconservazione per fuggire, in lotta però con la necessità di mantenere le convenzioni sociali di risposta opportune.

Come vincere un simile sistema ingarbugliato e allentare tali tensioni interne? Facile. Anzitutto, sii consapevole del fatto che non sei né cattivo, né incapace o debole. Sei solo umano, hai pulsioni comprensibili e queste fragilità sono comuni a tutti. Detto ciò, puoi **RESPIRARE**. Fai in modo che il sistema nervoso periferico compartecipi alla tua volontà di rilassarti e prendere il controllo della situazione, utilizza il sistema parasimpatico controllando i polmoni e le vie respiratorie superiori, abbassando i livelli di cortisolo (la molecola dello stress di origine surrenale) e ossigenando meglio il tuo cervello.

A ben pensarci, questa è l'unica alternativa che hai, quindi anche se sei nel panico devi RESPIRARE.

E poi, **SORRIDI**.

A costo si sentirti scemo, controlla i muscoli facciali e reagisci con un sorriso. Non solo sembrerai meno aggressivo e proporrai una risposta fisica positiva al tuo interlocutore, ma utilizzerai un altro interessante "bug" del sistema-cervello, per cui la risposta nervosa che convince i muscoli del viso a contrarsi funziona anche al contrario, andando dalla foce alla sorgente. Il cervello, a livello profondo, si convincerà che se i muscoli adibiti al sorriso sono contratti, ci sarà un motivo e inizierà a rilassarsi e a riempirti delle endorfine che sono di solito rilasciate come conseguenza a un evento piacevole; qui invece, diventeranno loro stesse la causa di quel rilascio positivo e rilassante.

Esercitati a sorridere a uno specchio mentre alterni profondi respiri. Poi, pensa volontariamente a qualcosa di spiacevole, di imbarazzante, visualizza uno degli scenari peggiori in cui ritrovarti durante un incontro e nota come il battito cardiaco e la postura reagiscano.

Non lasciarti sopraffare e di nuovo, sorridi e respira, respira e sorridi.

Ripeti a te stesso queste due frasi come se fossero dei mantra:

Io so (inspiro)

Quello che sto dicendo (espiro)

Io ascolto (inspiro)

E capisco quello che mi dicono (espiro)

Non c'è bisogno che le dici a voce alta, puoi pensarle ogni volta che vuoi e te ne puoi convincere davvero, perché sono la sacrosanta verità.

E quindi, che resta da fare? Sai quello che dici, sai ascoltare, ti sai porre fisicamente… a ben pensarci, non hai bisogno neanche di sentirti "sicuro di te stesso", è ben più importante che comprendi che tutto questo si esprime con un semplice concetto che ti fa stare ancora meglio: rilassati.

Non si può controllare tutto, ma si può controllare come reagiamo alle condizioni esterne con queste semplici mosse che hai appena appreso.

Diplomazia, o l'arte di saper ascoltare

Alcuni usano un motto molto semplice dal latino per dare una definizione esaustiva di diplomazia: "*Do ut des*", ovvero "dare e ricevere". A mio avviso, tale visione è solo parziale e molto limitante di una operazione che può richiedere abilità più complesse del semplice "scambio". Diplomazia, infatti, non coincide con il termine "baratto".

Dicevamo prima del "campo comune" in cui far interagire gli interessi delle due parti. Ciò funziona sia in campo relazionale-sentimentale che in tutte le altre azioni "diplomatiche".

La diplomazia, infatti, può essere definita come l'abilità di far coincidere gli interessi di due parti in un unico punto, idealmente equidistante dalle due posizioni originarie. Infatti, il maggior successo di un'operazione diplomatica è definibile attraverso un principio di equità per cui i contraenti, ciascuno in modo proporzionale alle proprie possibilità, si impegnano a rispettare i bisogni dell'altro, proteggere i propri e cercare un interesse comune. A parità di sforzo, ciascuno può ottenere qualcosa.

Poniamo il caso di voler andare a tutti i costi in vacanza in un posto molto costoso e di potercelo permettere. Proponiamo tale meta a qualcuno, un amico o il partner, ma questi ha una possibilità economica più ridotta rispetto a noi. La persona a cui abbiamo chiesto di accompagnaci vorrebbe venire, se ne rammarica, ma proprio non può farcela in quel momento. Sarebbe ingiusto pretendere di dividere le spese a metà contando un 50% dei costi a testa e se vogliamo agire in maniera diplomatica dobbiamo capire come equiparare gli sforzi di ambo le parti. Se proprio ci teniamo ad affrontare quella vacanza con quella persona, possiamo proporre di mettere una percentuale più alta e di far pagare il resto con ciò che è nelle possibilità dell'altro.

La diplomazia è anche spesso equivocata come una sorta di "vendetta" in cui si trova un punto d'accordo non nel guadagno reciproco ma nella perdita egualitaria. È un pessimo modo sia di gestire le operazioni economiche e lavorative, sia per affrontare le dinamiche relazionali. Il guadagno è sempre più importante di quello che ci si rimette per arrivarci.

La comunicazione persuasiva pone l'accento sulle note positive, su ciò che fa bene a entrambi, sulla possibilità di accrescere insieme e creare un'alleanza relazionale e professionale.

PNL per la persuasione

In nostro soccorso, per identificare i meccanismi comunicativi migliori con cui persuadere le persone, troviamo la Programmazione Neuro Linguistica, detta PNL. L'assunto di base di tale disciplina è che esiste un linguaggio interno che è dettato da risposte neuronali; questo linguaggio, proprio come l'idioletto, è un po' la nostra impronta digitale comunicativa, fatta di particolarità semantiche di natura sociale, culturale, familiare e personale.

Nella PNL si considera anche la risposta psicologica di tale idioletto, il quale non solo influenza il modo in cui parliamo agli altri e la nostra probabilità di successo, ma determina come noi elaboriamo le informazioni che vengono dall'esterno, come strutturiamo delle reazioni e come creiamo dei pattern relazionali con gli altri a seconda di una griglia verbale in cui i termini hanno valori spesso arbitrari.

Quello che possiamo condividere mentre comunichiamo, quindi, non è un puro "dato oggettivo" che riflette le nostre sensazioni personali, ma è il valore delle parole, il creare dei comportamenti volontari, addomesticare quelli involontari e migliorare la capacità di scambiare informazioni.

I processi inconsci e il loro raffinamento con la PNL

Consideriamo adesso le parole come le unità minime del messaggio. Prima ancora di essere espresse, vengono elaborate da un sistema "automatico". Non abbiamo bisogno di pensare alla definizione di ogni singolo vocabolo che stiamo per utilizzare quando vogliamo farci capire, un po' come non abbiamo bisogno di pensare "alzare piede destro, portare il peso avanti, poggiare piede destro, stabilizzare equilibrio, alzare piede sinistro..." e ad ogni singolo gesto che facciamo camminando. Continuando a utilizzare la metafora della camminata, quando il terreno non è sicuro, è scivoloso, non è illuminato, concentriamo di più la nostra attenzione verso ogni singolo gesto facendolo diventare volontario. Altrettanto, quando stiamo sostenendo un esame non usiamo frasi vaghe e generiche ma ci sforziamo di andare verso un punto più preciso possibile del discorso. Siamo capaci di mettere il "pilota automatico" e di inserire quello manuale a seconda della necessità. Alla luce di quanto spiegato qui, sarà più semplice capire che le emozioni, sotto forma di affermazioni, influenzano diversi processi mentali e non solo quelli comunicativi. Pensare di essere capaci o meno di una certa impresa e dialogare internamente confermando tale convinzione, influisce direttamente sulla possibilità di successo. Non è un caso che io ti proponga degli esercizi di una disciplina nota appunto come "Programmazione Neuro Linguistica": tale studio sperimenta tecniche ed esercizi volti a cambiare l'approccio con la realtà, attraverso una strutturazione del linguaggio con cui influire positivamente sulla nostra vita, eliminando gli ostacoli interni per superare quelli esterni. Dicevamo infatti che, se le maggior parte delle parole che usiamo sono spesso pronunciate o interpretate in modo arbitrario (talvolta per convenzione, altre per fretta, altre ancora perché non si riesce ad esprimersi meglio), il valore che noi vorremmo trasmettere attraverso il nostro lessico è invece universale. Trasmettere quel valore vuol dire creare un campo comune stabile. Molto spesso la gente litiga perché è mancata una definizione universale ad un certo termine.

"Un po' di zucchero" può voler dire un pizzico, un cucchiaino o un cucchiaio colmo, ma a seconda delle necessità può ottenere risultati molto diversi; parlando di cose più serie, se la nostra definizione di "amicizia" differisce da quella ritenuta valida dagli altri intorno a noi, rischiamo di avere seri problemi, in quanto (per usare solo una delle molte differenze in campo relazionale) c'è chi ritiene l'amico come quella persona che partecipa alla vita quotidiana e c'è chi invece ritiene che l'amico sia essenziale nei momenti cruciali della vita. Entrambe le posizioni possono essere valide e non tolgono valore al sentimento d'affetto che si può provare, ma si rischia di incappare in un equivoco che può lasciare delle cicatrici. A tal proposito, ci sono delle parole senza possibilità di equivoco che possiamo dividere in due campi distinti: affermazione e negazione.

Le unità minime della comunicazione: le differenze tra silenzio, affermazione e negazione

Pensandoci bene, è difficilissimo dare una definizione sintetica ed esaustiva dei termini più semplici del nostro vocabolario: **sì** e **no**. I due fonemi monosillabici per eccellenza servono per semplificare l'essere o meno d'accordo con qualcosa, la condizione di essere o non essere in un determinato momento di una certa situazione o di un oggetto, il possesso relativo a qualcosa… però usare seccamente queste parole, indipendentemente dal contesto e dal significato dato, dà altre informazioni; se, infatti, mi viene chiesto qualcosa e io rispondo solo "no" o "sì" l'altro percepirà una punta di ostilità e disagio, su cui

di solito un partner o un genitore si metteranno a indagare, mentre uno sconosciuto lascerà semplicemente perdere.

Il **silenzio** che segue una risposta secca o, peggio ancora, fornito come una risposta fa da veicolo di messaggi per lo più negativi. Come sarà facile intuire, quando qualcuno non risponde per niente a una nostra domanda o non ricambia il nostro saluto, porta a galla una forma di conflittualità non verbale che comunica anche più eloquentemente di eventuali motivazioni. È un ragionamento talmente tanto ben radicato nell'animo umano che, su larga scala, quando due Paesi stanno per entrare o entrano in conflitto tra loro non si limitano a chiudere eventuali frontiere ma "tagliano" i ponti diplomatici, espellono i rispettivi ambasciatori, interrompono comunicazioni: il silenzio diventa l'equivalente di una dichiarazione di guerra. In alcune zone d'Italia, quelle dove per decenni hanno imperversato i briganti, si trovano dei detti che esprimono un concetto utile a evitare coinvolgimenti in situazioni rischiose: "in campagna o in montagna, non perdere tempo a guardarti le spalle ma vai via in fretta se qualcuno non ti saluta". Salutare sconosciuti per i sentieri fuori città è considerata spesso buona educazione, ma se non si veniva ricambiati, nelle epoche scorse, poteva voler dire che la persona incrociata sul cammino non volesse essere riconosciuta. Il suo silenzio era interpretabile come "se ci tenete alla pelle, tirate dritto e dimenticatemi", invitando implicitamente a seguire il codice dell'omertà.

Il silenzio in classe o al lavoro, di norma è interpretato come un buon segno, quando però può semplicemente nascondere la distrazione non manifesta di alcuni: in caso di silenzio verbale "totale" bisognerà richiamare l'attenzione verso i segnali non verbali e capire se la mente dell'interlocutore è ancora con noi o se piuttosto non stia vagando per conto proprio, ignorandoci o facendo finta di prestare attenzione.

Quando introduciamo questi concetti (silenzio, affermazione e negazione) in un possibile percorso neuro linguistico, ci rendiamo subito conto che l'unica possibilità per la nostra mente di provare "silenzio" verso qualcosa è di ignorarne l'esistenza, per *ignoranza* vera e propria, oppure perché la nostra attenzione è portata verso tutt'altri soggetti. L'affermazione e la negazione, invece, creano un percorso dicotomico in cui ogni possibile interazione diverge in "possibile" o "impossibile", proprio come nell'entimema aristotelico. Soffermiamoci per ora su quello che ci consente o ci impedisce di essere persuasivi.

Come comunichiamo a noi stessi la nostra capacità di parlare agli altri e di proporre il nostro punto di vista?

Come ci prepariamo al confronto e al dialogo?

Qui entra in gioco un concetto profondamente radicato nella psiche: siamo più propensi a parlarci in modo affermativo o in modo negativo?

Bada bene che non stiamo esprimendo "giudizi di valore oggettivo" sulla qualità del tuo pensiero, quanto piuttosto dobbiamo capire con che frequenza sei abituato a darti input affermativi.

Quando sogni a occhi aperti stai trovando strategie per raggiungere uno scopo?

O ti capita più di frequente di indugiare su fantasie in cui risolvi conflitti già passati, oppure ti trovi in una condizione estremamente vantaggiosa ma non ne hai visualizzato le modalità di conseguimento?

Non ti preoccupare, non si tratta di "terribili vizi mentali", sono le cose che facciamo tutti quanti, dobbiamo solo imparare a inserire un "inner talking[11]" positivo e propositivo in cui sottolineare mentalmente quelle parole che ci aiutano a trovare le strategie di uscita

---

[11] Il "dialogo interno" è qui inteso come una tecnica di psicologia per monitorare la condizione mentale. La primissima domanda da farsi può essere "come sto"? E in caso di agitazione, assieme a una respirazione controllata, imparare a controllare le risposte verbali, para verbali e non verbali verso il nostro interlocutore. Esercitati allo specchio e con qualcuno con cui chiarire i tuoi pensieri mentre parli.

più solide e sicure. Se hai modo di ascoltare dei tuoi messaggi vocali (magari riesumando conversazioni su app per social media sul tuo cellulare) cerca di individuare le affermazioni negative o quelle positive che usi più di frequente: ti daranno un'idea di quello che proponi agli altri, magari senza accorgertene, e di cosa stai seminando inconsapevolmente nel tuo subconscio. Anche se non hai idea di come il tuo idioletto caratterizzi affermazioni negative o positive, puoi comunque diffondere in modo consapevole e misurato le tue affermazioni, il tuo dialogo interiore, inserendo termini propositivi come "Io posso…" "Io ho la possibilità di…" "Io faccio…" "Io [fare una determinata azione] con successo…" eccetera, enfatizzando sul soggetto delle frasi, che sarai sempre tu. Immagina di prenderti cura di te stesso e di essere il tuo "coach". Inizia a crederci un po' e finirai per essere il tuo più grande sostenitore.

Con chi stiamo parlando?

Prestare particolare attenzione al modo di parlare dell'interlocutore è un ottimo modo di costruire una struttura persuasiva. Se notiamo che la persona con cui parliamo dice spesso "**noi**" anziché "**io**" avrà dei motivi per cui sarà bene capire a chi si riferisce: se è un monarca o un capo religioso, se in quel momento sta parlando a nome di un gruppo, come un'azienda o un'associazione, se si riferisce a sé come membro di una coppia e, implicitamente, ci sta mettendo sull'avviso che esiste una struttura sociale di cornice di cui noi dovremmo tenere conto a nostra volta nell'interazione in corso. Chi sottolinea spesso la parola "io", d'altro canto, sta cercando di sottolineare la propria importanza nel discorso perché teme di essere sottovalutato, non importa se è una persona di grande rilievo nel suo contesto o se è l'ultimo arrivato. In linea di massima, per essere persuasivi bisognerebbe sempre far capire che il soggetto con cui si sta interagendo è una unità: è difficile comunicare emotivamente, attirare o utilizzare empatia, simpatia e compassione di un gruppo o di un'azienda: dobbiamo far leva sulla persona. Se a un interlocutore indeciso diciamo una frase del tipo "Non c'è bisogno di preoccuparsi" stiamo togliendo il soggetto del discorso, disorientandolo e lasciando anche intuire che la responsabilità dell'azione in discussione è incerta. Far capire che tale situazione è invece gestibile e che impegnarci personalmente rientra nelle nostre intenzioni (ricordi? dare tempo e importanza crea connessione…), è vitale ed è esprimibile con espressioni quali "Io capisco la tua preoccupazione, ma ti assicuro che farò tutto quello che sarà necessario perché non ci siano problemi".

Cerca di capire, quando parli, quanto spesso usi le espressioni "senza personalità" e quando, invece, rischi di sottolineare troppo spesso il tuo ego attraverso la parola "io" usata quando non necessaria nel dialogo.

L'ordine dei soggetti del dialogo persuasivo e il potere del "ma"

A tanti sembra una buona idea cominciare a parlare "elogiando" in qualche modo le idee e le posizioni della persona che si vuole persuadere. Vediamo invece perché questa è invece una pessima idea.

Bisogna sottolineare un fatto: l'ultima affermazione è quella che resta più impressa nel discorso. Non è un caso se Aristotele consigliava di terminare le orazioni con una massima, in modo da dare un coinvolgimento emotivo maggiore e rimanere impressi con una frase ad effetto a cui sarebbe stato difficile controbattere.

Facciamo ora un esempio pratico. Si rende necessario fare un acquisto per l'ufficio e un collega sottolinea come, tra due opzioni, quella che chiameremo Opzione A è nettamente preferibile in quanto meno costosa rispetto all'Opzione B. Potremmo subito notare che il nostro collega ha delle preferenze e che il suo sistema di valori, nel campo degli acquisti, predilige il risparmio. Sbaglieremmo a dire "è vero, caro collega, hai ragione: l'opzione A costa meno. **Ma**…"

Tutto ciò che viene prima di un "ma" non conta.

Può sembrare drastico, eppure dovresti abituarti a questa idea e considerare lo stesso per i discorsi altrui: la parte importante del discorso sta sempre dopo il "ma", non prima. Non considerare eventuali elogi che vengono seguiti da tale parola, considera i punti d'incontro proposti in una contrattazione come passibili di cancellazione se non viene soddisfatta la clausola che seguirà al "ma" dell'interlocutore e che può annullare tutto.

Ci sono oratori, per così dire, che pensano di poter mettere le condizioni più "scomode" (ma che spesso sono anche il vero cuore della contrattazione) dopo le parti "allettanti", facendole sembrare obbligatorie e non contrattabili perché sono state fatte delle concessioni.

Perciò potremmo esprimerci nella seguente maniera:

"Caro collega, l'opzione B è più conveniente e va benissimo optare per il risparmio. Come giustamente fai notare, l'opzione A costerebbe meno... se non consideriamo il lungo periodo, sul quale l'opzione B vince perché più duratura.

Per ottenere il medesimo risparmio sul lungo termine del prodotto B, dovremmo acquistare due prodotti A. Ricorda che, come dice il detto, chi poco spende assai spende!"

I tipi comunicativi della PNL: i sensi nell'immaginario comunicativo

La comunicazione è, in buona sostanza, la verbalizzazione di azioni ipotetiche e fisiche ad altri soggetti. Di conseguenza, le azioni, attive o passive che siano, sono veicolate nella comunicazione dai **verbi**. Le sensazioni esterne vengono rielaborate in maniera sottile e simbolica anche da quelle parti del cervello adibite a funzioni diverse da quelle tangibili, e ciò lascia una traccia nella psiche, riscontrabile nella nostra verbalizzazione.

Quello che ci interessa in questa sede è capire che tipo di verbi relativi ai sensi vengono usati dal nostro interlocutore e nel nostro dialogo interiore. Il mondo sensoriale diventa parte del nostro substrato cosciente e il linguaggio ne è impregnato, di conseguenza possiamo osservare tre gruppi principali di elaborazione di questa dinamica psicologica:

1) Visivo: "Si vede a occhio nudo che è un buon affare"; tali persone hanno bisogno di silenzio quando devono concentrarsi, sono più riflessive, cercano emozioni e contatti profondi. Osservatori pignoli, fanno ricorso alla memoria visiva e amano le situazioni più calme.

2) Cinestesiche (Tattile – Fisico): "È un affare solido, si può toccare con mano la garanzia di successo"; solitamente, sono le persone che amano di più il contatto fisico, l'esternazione di emotività con il corpo, le attività manuali e all'aria aperta e gli sport. A differenza delle persone visive, danno molta importanza ai dettagli esterni.

3) Uditivo - "Questo tipo di contratto è musica per le mie orecchie". Sono le persone che amano la comunicazione, parlano spesso da soli a voce alta per "sentire" i propri pensieri e non apprezzano particolarmente il silenzio ma cercano volentieri

di colmarlo perché gli crea disagio più che agli altri due tipi.

Questa distinzione ci permette di avere immediatamente degli indizi utili sulla persona con cui stiamo interagendo. Si può oscillare a seconda di alcune inclinazioni, talvolta cambiando radicalmente gruppo nel corso dell'esistenza o per motivi che possono sembrare casuali, ma che in realtà riflettono anche delle necessità oggettive della persona. Se, infatti, siamo in un momento di particolare difficoltà tenderemo a esprimerci in modo "visivo" alla ricerca di concentrazione, saremo forse più cinestetici se siamo allegri e propensi all'espansività come quando riceviamo una buona notizia.

Evitare, invece, di utilizzare verbi sensoriali è indice di una comunicazione tecnica, asettica e il meno emotiva possibile.

Arriviamo senza ulteriori indugi al punto cruciale di questo paragrafo: come usare nella comunicazione persuasiva queste nozioni?

È molto semplice. Si è notato che le persone tendono a reagire meglio quando sono in contatto con qualcuno che si esprime come loro.

Se per esempio, trovandomi di fronte a una persona di tipo uditivo, dovessi ricevere una comunicazione che dice "Ascolti, avrei bisogno dei vostri servizi" potrei rispondere con "Mi parli pure dei suoi progetti: sono tutt'orecchi".

A chi mi dice "Mi <u>tocca</u> chiederle un preventivo", rivelandosi per essere una cinestetica, darò come risposta qualcosa come: "Avrà per le <u>mani</u> la nostra proposta entro oggi".

Se mi viene detto "Mi può far <u>vedere</u> un esempio?" risponderò "<u>Guardi</u> pure: posso <u>mostrarle</u> un prototipo del genere, la qualità del nostro lavoro è sotto gli <u>occhi</u> di tutti!"

Prova ad esercitarti con le persone che conosci, identifica i loro tipi sensoriali e cerca di capire se hanno delle risposte diverse dal solito quando ti sintonizzi sul loro modo di parlare.

Un esercizio per accrescere la sicurezza di sé dalla PNL

Immagina adesso di aver bisogno di prendere un po' di fiducia "in pillole". Ci si può presentare una situazione di stress generico che può richiedere un "prelievo" dal nostro deposito interiore. E quindi, come fare?

Esistono molti stratagemmi utili, le persone abituate a parlare in pubblico mettono a punto dei percorsi mentali con cui eliminare eventuali residui negativi di ansie e preoccupazioni per concentrarsi su quel che devono fare e riequilibrarsi. Ti propongo un piccolo e semplice esercizio per rafforzare la sicurezza a comando.

L'ancoraggio è una tecnica tanto semplice quanto efficace, che si basa su quello che potremmo definire come un "meccanismo di associazione mentale profonda". Possiamo associare a un determinato stato d'animo (utile proprio per il raggiungimento del nostro scopo, cioè la comunicazione persuasiva) a un oggetto mentale o reale da "evocare" a comando, ottenendo la disposizione d'animo richiesta quando se ne sente il bisogno. Hai capito bene: quello che dice la PNL (ma tantissime altre discipline e branche della psicologia) è che possiamo cambiare volontariamente le nostre sensazioni e indirizzare la mente verso quello che ci serve, anziché lasciar andare l'emotività e le associazioni mentali "libere e a briglia sciolta", col rischio che il corso dei nostri pensieri vada verso il timore dell'insuccesso, l'irritabilità o l'ansia da prestazione.

Per iniziare, voglio che tu chiuda gli occhi per circa trenta secondi (non è necessario che ti cronometri) e che visualizzi una situazione in cui ti sei sentito vincente. Pensa intensamente a quella situazione, ma non concentrarti su ciò che l'ha provocata, quanto piuttosto su quello che hai provato. Isola l'emozione profonda, assapora di nuovo il successo, e quando riapri gli occhi, sii cosciente del fatto che ti aspetta ancora nel tuo futuro.

Per fare in modo di creare l'ancoraggio, trova un elemento con cui poter rievocare la sensazione a comando. Alcuni utilizzano una parola, altri un colore. In ognuno dei due casi, prova a immaginarti coperto o della vibrazione di quella parola o della luce di quel colore. Per esercitarti, prova a pensare che ad ogni respiro questa vibrazione o luce (o entrambe le cose) salgono dai piedi, passando dalle ginocchia su fino alla cassa toracica, riempiono braccia e mani e coprono la testa. Sei pieno di quella "parola d'ordine" o di quel "colore del successo", ogni tua cellula ne è pervasa. Quando riapri gli occhi, sei completamente cosciente del fatto che la sensazione del successo è con te e la stai per usare a tuo vantaggio nella prossima prova che stai per affrontare.

Se vuoi usare un oggetto d'ancoraggio, assicurati di portarlo con te (magari con un portachiavi o in una borsa) e nell'essere consapevole della sua esistenza, fai passare la sua energia simbolica dalle dita fin dentro la tua testa, in modo da usarlo come un "talismano", che non porta solo fortuna ma che ti ricorda che ce la puoi fare.

PARTE II

In questa parte affronteremo tutte quelle attività di contorno alla comunicazione, le quali però rappresentano una parte molto importante del discorso.

Avrai sentito già affermare da qualche parte che, di tutto quello che si dice, solo un'esigua parte viene esplicata dal contenuto verbale, mentre più della metà è veicolato da altri elementi. Tuttavia, ricorda che non basta "vestirsi in modo adeguato" o "usare un tono suadente" per ottenere consenso. La comunicazione è persuasiva quando tutti gli elementi para verbali e non verbali accompagnano le sensazioni che vogliamo suscitare, e cioè fiducia, attenzione, empatia, simpatia e compassione. Pretendere, per esempio, di non suscitare animosità o reazioni pesanti mentre si danno brutte notizie, magari in modo frettoloso e sconvolgente, solo perché si è indossato il miglior vestito del proprio guardaroba e si è stati attenti a come muovere le mani sarebbe povera cosa rispetto ad una maggiore attenzione al versante contenutistico del messaggio. Anzi, l'effetto di un atteggiamento non verbale "gioioso", mentre si danno notizie tragiche, sarebbe intollerabilmente irrispettoso per il pubblico, così come un atteggiamento che dimostri rabbia, disagio o tristezza tramite la gestualità e il tono di voce "stonerebbe" troppo con un lieto annuncio, suscitando sospetto e diffidenza in chi ci ascolta.

Ti consiglio di prendere nota non solo di come gli altri si pongono fisicamente nei tuoi confronti, ma anche di come tu tendi a comportarti con gesti, tono e sguardo.

Strumenti non verbali per la persuasione: la gestualità e la postura

Ci sono molti modi di approcciare gli studi della prossemica in relazione alla comunicazione non verbale, ma un primissimo consiglio pratico è d'obbligo: **controlla le tue mani**.

Uno dei segnali che viene registrato dal nostro interlocutore, quando ci presentiamo di persona, è il modo in cui muoviamo il nostro corpo e le nostre mani, come abbiamo visto parlando dei tipi sensoriali nella comunicazione, infatti, esso riveste un ruolo di prim'ordine. È uno dei nostri canali di percezione del mondo, difatti, tramite i gesti che usiamo, esprimiamo informazioni con un vocabolario di origine sociale (i gesti che sono propri di una certa popolazione, come le "dita a pigna" degli italiani per dire "ma che vuoi?") e uno di origine personale, attraverso cui esprimere invece il grado di agitazione o di controllo durante una conversazione.

Stando a uno degli esperti di psicologia e prossemica, nonché ex agente dell'FBI J. Navarro, i gesti precisi dovrebbero disegnare il nostro percorso comunicativo, numerando i punti che stiamo elencando senza vagare nello spazio, senza cercare di attirare più del dovuto l'attenzione dell'interlocutore (o peggio, distraendolo dal nostro messaggio); e esprimendo al meglio il nostro atteggiamento che punta direttamente a catturare lo sguardo del pubblico con un'espressione ferma, braccia vicine al corpo, schiena dritta ma non tesa, spalle rilassate e petto aperto, evitando i movimenti ritmici veloci che tradiscono il nervosismo. Un interlocutore che si tocca spesso il viso "nasconde" qualcosa (una parola che non vuole pronunciare, un concetto che non vuole sentire, qualcosa che non vuole vedere… anche qui puoi osservare con che tipo comunicativo hai a che fare e sintonizzarti di conseguenza), mostrando involontariamente la poca convinzione che ha nei confronti dell'argomento in campo o nelle sue stesse affermazioni.

"Pettinarsi" con le dita richiama alla necessità di fare ordine o di "proteggersi" la testa da un argomento pesante.

Chi si "chiude" mentalmente espone tale pensiero con posizioni incrociate: braccia conserte, gambe accavallate e testa reclinata sono proprie di chi è in disaccordo con noi.

In generale, la postura da tenere quando si vuole essere persuasivi prevede schiena dritta, ma non tesa, con le spalle rilassate, le braccia lungo i fianchi, le mani vicine tra loro in atteggiamento disteso e pronte a sottolineare i punti del discorso. Generalmente, nel rispetto dello spazio personale di ciascuno, ci si dovrebbe protendere verso la persona a cui si rivolge l'attenzione, ma attenzione: sporgersi troppo è considerato un sintomo di invadenza, se non di minaccia vera e propria, così come l'eccessivo contatto fisico denota insicurezza, necessità di ricevere attenzione, nervosismo e confusione.

Strumenti non verbali per la persuasione: forme, colori, luci, carta e vestiti

Il marketing usa un codice di forme e colori specifico per suscitare gli stati d'animo più adatti ad un certo contesto. Così, nella maniera in cui una forma con linee nette e squadrate ci richiama a temi "matematici", cari alla tecnologia e alla ricerca di risposte esatte (vedi le pubblicità su prodotti elettronici, automobili e informatica), le sfumature e le forme ammorbidite comunicano un senso di accoglienza e tenerezza; in modo altrettanto preciso, gli esperti di psicologia applicata all'advertising hanno capito come suddividere i colori in base alle necessità dei comunicatori.

I colori richiamano ad altri sensi e una certa tonalità viene associata facilmente a un tipo di odore e sensazione tattile: la sinestesia ha una grande capacità di persuasione, basti pensare che tutti i fattori sensoriali sono considerati dalle grandi catene di distribuzione, sia nell'abbigliamento che nel campo alimentare, per indurre i clienti a comprare di più grazie alla stimolazione indotta volontariamente. Fateci caso, l'odore che sentite entrando in un negozio di un marchio specifico non è casuale, così come le luci in vetrina, ma sono tutti elementi calcolati in precedenza.

- **Blu**: colore **calmo**, induce a pensare a un campo comune d'intesa (non a caso alcuni marchi dei colossi dell'intrattenimento tramite social hanno adottato questo colore, così come prestigiosi istituti bancari e assicurativi), richiama le tonalità naturali del mare e del cielo sereno. Il suo messaggio di fondo è "rilassati".

- **Verde**: creatività, sensibilità, naturalità e **speranza**. Il verde ci riporta al colore delle piante, del nutrimento, del lavoro manuale e dei prodotti della terra "bio", oltre che della tutela degli animali. Può essere associato al marrone.

- **Giallo**: **energia**, il colore del Sole, ci rimanda alla forza delle fiamme vive e del fulmine, ci parla di luminosità e dinamismo, ha le caratteristiche del "fuoco giovanile" e ci vuole spingere a ragionare con vivacità e brio.

- **Arancione**: **gioia** e allegria, tipico di alcuni marchi giovanili, è perfino usato per riconoscere alcune religioni orientali che vi trovano una caratteristica peculiare per il proprio proselitismo.

- **Rosso**: colore sanguigno, associato a pericolo e sensualità. Spinge all'impazienza e quindi all'**azione**, è impossibile pensare di dormire in una camera rossa con una luce simile; similmente al colore giallo, spinge ad agire ma con sprezzo del pericolo e dei limiti, come suggeriscono alcuni marchi di bibite e di macchine sportive di lusso. Il rosso è un colore che eccita la vista e risveglia i sensi.

- **Viola**: sensualità e creatività, richiama anche a ciò che è **misterioso** e crepuscolare.

- **Rosa**: **infantile**, divertente, tenero e "girly oriented" per eccellenza, accentua uno di questi tratti a seconda del colore associato. Il binomio blu e rosa è adatto all'infanzia, rosso e rosa a esprimere femminilità, bianco e rosa innocenza.

- **Nero**: lusso, eleganza, come l'oro, ma anche serietà e una possibile sfumatura di sensualità associata al mistero. Le macchine "potenti" sono cromate, lucenti e nere, e sono potenti i personaggi vestiti di neri e con occhiali neri che vengono trasportati da tali mezzi, per fare un esempio. Il nero contrasta con la luce ma è anche l'elemento che traccia le linee sul foglio bianco per poter dare messaggi. Contrariamente a quanto si può pensare, non è solo un colore per il "lutto", ma appunto, adatto a chi ricerca potere, una identità con grande carattere: in una parola, **autorità**.

- **Bianco**: eleganza, **purezza**, salute, il "non colore" vergineo e luminoso del foglio immacolato, del cibo raffinato, del pulito senza macchia.

- **Grigio**: un colore che induce alla calma e alla **riflessione** e accompagna altri colori per infondere serietà e sobrietà.

- **Marrone**: insieme al grigio, uno dei colori meno apprezzati dal campione d'indagine femminile e dai più giovani, richiama a tematiche bucoliche, **serietà** della terra e dei colori lignei.

Come usare i colori nella comunicazione di tutti i giorni? Chiaramente non possiamo presentarci a un interlocutore o a un gruppo completamente vestiti di giallo e arancione per attirare l'attenzione dei più giovani, per esempio se siamo dei docenti che cercano di lavorare con degli studenti.

Quello che possiamo fare, invece, è programmare elementi che richiamino a tali colori per sottolinearne l'uso.

Se stiamo preparando una riunione in ufficio, possiamo sottolineare le nostre intenzioni con sfondi e immagini selezionate per le loro tonalità. Vi sconsiglio caldamente di usare dei caratteri colorati per il vostro testo in quanto sembrano poco professionali (ma potrebbero essere adatti a una classe delle elementari, per esempio).

Il cartoncino usato per delle brochure, dei biglietti da visita con cui presentarsi o dei volantini può avere una colorazione adatta allo scopo.

Se possiamo decidere che tipo di luci proiettare, per esempio in caso di una presentazione o di uno spettacolo, ricordiamoci che i colori descritti possono aiutarci nel suscitare delle emozioni precise e che la loro intensità ha un valore specifico.

Dicevamo che non sarebbe possibile vestirsi in modo cromaticamente coerente con il contenuto del nostro discorso o che per lo meno, sarebbe molto difficile non attirare di più l'attenzione su un capo d'abbigliamento sgargiante anziché sulle nostre parole. Quello che si può fare, invece, è avere a disposizione un accessorio, un oggetto anche piccolo, ma che riporta quel colore di cui abbiamo bisogno. Ciò può non essere notato magari dal nostro interlocutore, ma può servire a noi come ancoraggio.

Piccolo compendio non verbale e para verbale per la comunicazione sui social media

A ben pensarci, quasi simultaneamente all'introduzione degli SMS e della messaggistica elettronica, si è reso necessario affiancare delle forme semantiche nuove come emoticon, gif, meme e altro contenuto non verbale con cui esplicare il contenuto emotivo inviato o percepito insieme al corpo del testo vero e proprio, quando quest'ultimo non viene totalmente soppiantato dalla comunicazione esclusivamente visiva e non letteraria.

Gli elementi para verbali e non verbali che usiamo di persona sono un po' come le emoticon delle chat: forniscono contesto emotivo e caratterizzano delle parole che altrimenti non avrebbero un dato senso. Per esempio, una faccina sorridente a fianco a un'affermazione o a una negazione mostrerebbe il nostro essere d'accordo con quella dichiarazione, una con la "bocca all'ingiù" comunicherebbe invece

disaccordo. La punteggiatura può essere usata allo stesso modo: se io usassi i tre puntini di sospensione a fine di una risposta monosillabica, potrei stare esprimendo disappunto o perplessità su quanto scritto prima. Un punto fermo dopo una risposta secca e sbrigativa può inviare un senso di freddezza e distacco.

Strumenti non verbali per la persuasione: "a me gli occhi!"

Come dicevamo prima, parlando dei gesti, quello dello sguardo dovrebbe essere un punto a cui prestare particolare attenzione, non solo per quanto riguarda quello che esprime il nostro, ma anche per quello del nostro interlocutore. Il modo di muovere gli occhi, infatti, rivela più di quanto uno vorrebbe.

Abituati a valutare secondo questo schema facilmente memorizzabile. Ricorda che devi valutare secondo il punto di vista dell'interlocutore, perciò quando diciamo, per esempio, a destra, intendiamo la destra della persona che abbiamo di fronte (la nostra sinistra). Questo tipo di percezione ci è molto utile per monitorare l'andamento di una trattazione, la convinzione dell'interlocutore a proposito di quello che sta dicendo, la reale portata del suo interesse su un dato argomento, dandoci modo di deviare la nostra comunicazione e di persuadere in maniera efficace a seconda degli stimoli positivi o negativi che rileviamo.

Generalmente, per motivi legati alla divisione dei due emisferi cerebrali e di risposta neuronale, la direzione degli occhi indica a destra un lavoro di creazione, spesso per produrre l'immagine di ciò che si desidera far accadere, a sinistra invece l'impegno a ripescare dei ricordi e riportare i fatti così per come sono andati.

In generale, puoi immaginare un quadrante con le seguenti sei direzioni.

- Guardare in basso a destra vuol dire immaginare una sensazione cinestetica nuova, inventandola magari sul momento.

- Guardare a destra di lato può significare l'invenzione di uno stimolo sonoro, figurando magari un discorso, un rumore o una musica.

- Guardare a destra in alto è indice di un'immaginazione all'opera per creare uno stimolo visivo, dipingendo letteralmente nella mente dell'interlocutore un "quadro" di una situazione ipotetica o mai esistita.

- Indirizzare lo sguardo verso sinistra in basso significa riflessione, con la ricerca di un dialogo interiore composto da domande, progetti e dubbi.

- Portare lo sguardo a sinistra di lato indica la rievocazione interna di un suono e la sua descrizione, come la voce di qualcuno che si conosce bene.

- Chi guarda verso sinistra in alto sta ricordando un'immagine, tentando di coglierne i dettagli.

Possiamo aggiungere altre indicazioni di percezione spaziale dello sguardo, come lo sguardo verso l'alto che tradisce impazienza; quello verso il basso che indica disagio o riflessione, specialmente se si guardano mani e/o piedi; vivo interesse se ci si porge in avanti con una punta di aggressività, quando si entra "troppo" nel campo visivo altrui, costringendolo a essere guardati negli occhi ed evitare che la sua attenzione "sfugga"; mentre può essere un segnale di potere e rilassamento portare la testa indietro "esponendo" le parti molli come l'addome e mantenendo il contatto visivo. Chi evita furtivamente lo sguardo della persona con cui sta parlando spesso cerca delle vie di fuga o altri punti di interesse: se non si riesce a riportare la sua attenzione verso quel discorso, sarà bene capire come sottolineare l'importanza di ciò che si sta dicendo o cambiare argomento per poi tornare in maniera più concisa e semplice quando si sarà entrambi meglio disposti.

Strumenti para verbali per la persuasione: il respiro, il tono della voce e la lunghezza delle frasi

A volte quando sento una voce strozzata di qualcuno che accelera mentre prova a convincermi di qualcosa, mi rendo conto di un fatto e solitamente ho ragione: la persona ha delle difficoltà a ritenere sensato quello che sta dicendo o si sente quasi un impostore.

Il respiro gioca un ruolo fondamentale nell'espressione dei vocaboli tramite il nostro apparato fonetico. Nota come, quando tocchiamo un tasto dolente o un argomento tabù, molti esprimano il proprio disagio trattenendo il fiato (talvolta deglutendo vistosamente), e come invece alcuni dimostrino il proprio disappunto espirando rumorosamente, sibilando con le narici o sbuffando con la bocca, a seconda di quanto siano impazienti. L'eccitazione sensoriale porta a ventilare fortemente e respirare con forza, mentre il respiro profondo e continuo è tipico della rilassatezza di chi si trova a proprio agio con ciò che viene detto.

Il tono, di conseguenza, è influenzato dal modo in cui portiamo ossigeno ai nostri polmoni e da come apriamo e chiudiamo le vie respiratorie superiori. Quando abbiamo un raffreddore, per esempio, non ci sentiamo in grado di comunicare correttamente perché siamo coscienti del fatto che la nostra performance comunicativa è influenzata a sua volta dal nostro respiro affannoso.

In generale, più un tono è acuto e stridulo più si vuole portare disperatamente l'attenzione verso la propria voce, come fa la madre che richiama all'ordine i bambini, la maestra con la scolaresca indisciplinata, la vittima di un sopruso in corso; mentre un tono basso, continuo e non troppo forte veicola sicurezza di sé, padronanza delle emozioni, stabilità e tranquillità.

È difficile mantenere alta l'attenzione del pubblico se si usano frasi molto complesse, con subordinate concatenate tra loro in sequenza, elenchi troppo lunghi e in generale con tutte quelle frasi che costano uno sforzo di respiro.

Come dicevano gli autori classici che abbiamo già analizzato prima, la retorica e la poetica si incontrano anche nell'uso di artifici linguistici che permettano alle parole di scorrere con ritmo, e per farlo possiamo identificare il modus operandi di chi lavora, per esempio, nel campo della musica. Generalmente si compongono frasi con una simmetria che va dalle sette alle quattordici sillabe, mentre spesso per presentare la propria idea a un produttore si consiglia di condensare il proprio lavoro a una descrizione di massimo quattordici parole.

Prova a esercitarti in questo *labor limae* raffinato, tagliando il più possibile gli elementi di contorno del tuo discorso, del tuo racconto o della tua idea, e portando l'attenzione su quello che è davvero importante, con il minor numero di parole possibile.

Strumenti non verbali e para verbali per la persuasione: "copying"

Così come abbiamo visto che è importante riprendere i tipi sensoriali e farli nostri per comunicare in modo da fare breccia nella diffidenza altrui, in modo altrettanto proficuo possiamo rendere visibile la nostra partecipazione al discorso in maniera fisica.

Abbiamo analizzato prima i vari tipi di fisicità e di postura che sottolineano il grado di affinità o divergenza con l'oggetto di discussione, ma vediamo ora come fare in modo che anche questo meccanismo diventi volontario e utile al nostro obbiettivo: la persuasione.

Nella comunicazione non verbale si danno indizi sul proprio stato d'animo in maniera involontaria, ma, una volta raccolti, noi possiamo volontariamente "copiare" la postura dell'interlocutore al fine di riprodurre una sorta di specchio.

Anche in questo caso, si è notato che le persone sono più inclini a venire incontro alle persone con cui si sentono in sintonia. Attenzione, non fate il verso a tic, gesti che tradiscono nervosismo o comandi. Siate attenti anzitutto verso la disposizione dei quattro arti, della schiena e della testa. Riportate fedelmente le angolazioni di queste sei parti cercando di abitare comodamente il vostro corpo con l'intenzione di fare sì da specchio, ma più morbido, più aperto e pronto alla comunicazione. Potete variare la postura di un interlocutore che, con le dita strette sul tavolo e le gambe incrociate, vi "offre" la spalla sinistra mettendosi di tre quarti guardandovi principalmente con l'occhio sinistro. Ribaltate la posizione in modo da bilanciare con la parte destra, poggiare le mani e, anziché tenerle ferme immobili con le dita intrecciate, aprite con un gesto rilassato e di invito al dialogo mentre tocca a voi parlare. Evitate di toccarvi il viso, soprattutto il naso o l'orecchio, se doveste sentirvi agitati o nervosi, ma respirate e sorridete anche di fronte alle domande impreviste, in modo da avere un secondo di vantaggio per riorganizzare i pensieri e rispondere con calma. Siate onesti e in caso vi sfugga un dettaglio proponete di ridiscutere con i dati dell'argomento a portata di mano.

PARTE III

Abbiamo già visto diversi esercizi e consigli pratici su come aumentare la nostra persuasività, adesso è il momento di concentrarci sul campo di prova per eccellenza: parlare con gli altri. Osserviamo dei conversatori professionisti, come uomini d'affari e politici, e troviamo le lezioni che completeranno il nostro percorso.

Meccanismi narrativi persuasivi

Ti sarà sicuramente capitato di vedere su internet un "discorso motivazionale". Sui social, specialmente su YouTube, tale categoria è molto ampia, con video che riprendono discorsi di alcune delle grandi menti dei nostri tempi e, in generale, di persone universalmente riconosciute per il successo ottenuto tramite i propri sforzi.

Abbiamo enfatizzato più volte nel libro che, come diceva Quintiliano, è necessaria una partecipazione emotiva personale alla propria orazione, al fine di renderla interessante e veritiera. È anche il caso dei commoventi discorsi che ti invito a cercare, come quello di Arnold Schwarzenegger tenutosi nel 2018. Il campione di body building, attore iconico ed ex governatore della California, racconta spesso dei metodi da lui usati per raggiungere il suo successo. Una volta visto il video, come spesso accade per questo genere di comunicazione, ci si sente fortemente emotivi e si ha la sensazione che qualcosa sia cambiato. L'obbiettivo dell'oratore è stato raggiunto.

Però sarebbe ben poca cosa, per noi che ci accingiamo a scoprire i segreti della comunicazione persuasiva, emozionarci e farci ispirare senza cogliere lo strumento usato e usarlo a nostra volta per avere successo nella nostra vita.

Arnold Schwarzenegger, lo scrittore Neil Gaiman, il campione dell'NBA Michael Jordan, l'inventore Steve Jobs… tutti sono accumunati da un filo comune. Ti propongo di chiudere il testo, prenderti un minuto e pensare a cosa sia il loro minimo comune denominatore. Se non l'hai già identificato, ti svelo il loro trucco.

Partono spesso dalla loro condizione svantaggiata degli inizi, dai loro fallimenti, dalle difficoltà che hanno trovato sul loro cammino fino a diventare le persone riconosciute per la loro grandezza.

Rendono il loro discorso verosimile, credibile, personale e interessante affinchè chiunque stia ancora cercando la propria strada si possa riconoscere nei sentimenti di incertezza e difficoltà proposti, e chiunque abbia raggiunto le proprie vette nel suo settore vi si ritrovi con nostalgia.

Ecco quindi svelato il primo meccanismo narrativo efficace che puoi usare quando vuoi persuadere qualcuno: usa una storia personale, sia come metafora che come esempio.

A questo punto è doverosa una precisazione: è bene riportare solo storie vere e non inventate, perché le bugie hanno le gambe corte e non c'è potere più grande della verità quando si deve persuadere qualcuno. Questo non è un manuale su come mentire, l'abbiamo detto tante volte, lo so, ma è bene ricordarsi che solo quando si è intimamente convinti di quello che si dice si è davvero convincenti. Ciò non riguarda solo le due categorie "vero" o "falso", ma inficia anche tutte le occasioni in cui non siamo perfettamente sicuri di un'affermazione perché abbiamo solo una visione parziale dell'oggetto di discussione. La mia sicurezza sulla validità di una mia proposta può vacillare per vari motivi, e io posso solo contribuire con la mia onesta visione personale, supportata, quando possibile, da dati che confermino la qualità delle mie affermazioni in merito.

Chiediti sempre quali sono i dubbi che puoi avere sull'argomento che si sta discutendo e quali tu stesso hai superato con successo, a beneficio dell'interlocutore che potrebbe farti delle domande a riguardo.

Avere le idee chiare è indispensabile per una comunicazione persuasiva. Purtroppo, però, non sempre si hanno tutte le chiavi di lettura di una situazione o le informazioni necessarie. Anziché arrampicarti sugli specchi, cosa che rischia di ritorcersi contro di te, puoi schierarti dalla parte dell'interlocutore con affermazioni propositive quali:

"Non conosco questo dettaglio, ma mi impegnerò a trovare una risposta e lo scopriremo assieme; mi informo subito e sarai la prima persona a sapere quello che è necessario! Ci sono altre cose che non ti sono chiare?"

Essere complici di una scoperta, far procedere insieme la conoscenza reciproca è un ottimo modo di interagire quando non si è sicuri di avere tutte le risposte in campo.

Focus del discorso

A volte è necessario segnarsi il motivo di un incontro.

Quante volte avete iniziato a parlare di qualcosa che vi stava a cuore ma la persona di fronte a voi ha risposto con qualcosa di rilevante dal suo punto di vista e siete finiti per parlare di tutt'altro? Non è insolito che, a questo punto, si rischi di litigare perché, semplicemente, i due punti di vista sono concentrati su oggetti del tutto diversi, magari diametralmente opposti.

Talvolta, in discussioni banalissime, il focus viene piegato e distorto per tornare su delle dinamiche relazionali in cui una delle due parti vuole reiterare la sua posizione: un capo che vuole imporre la sua figura dominante tenderà a bocciare la proposta del sottoposto (che un giorno potrebbe sostituirlo), ma ad approvare la stessa idea se proveniente da un subordinato da cui non si sente minacciato. In quest'ultimo esempio, il focus viene praticamente annullato per essere scalzato da una (pessima) condotta di dialogo.

Una discussione sull'importanza di una dieta sana, proposta da Interlocutore A, può avere il suo focus specifico, con macro argomenti che vanno dal tipo di dieta all'esercizio fisico con cui accompagnare lo sforzo in palestra, fino agli approfondimenti che scendono nel minimo dettaglio, come le questioni di cornice su eventuali intolleranze o sulla conta delle calorie... ma se qualcuno, mettiamo l'Interlocutore B, portasse come focus l'importanza di un parcheggio sicuro e facile da trovare, sottolineando il costo dei parcheggi in centro città, il traffico dell'ora di punta e le difficoltà negli spostamenti, sarà impossibile mettersi d'accordo.

Stiamo parlando, ovviamente, di una discussione in cui le due parti sono divise tra la proposta di andare in un ristorante che propone menu dietetici e la poca comodità rappresentata da tale prospettiva.

Fate attenzione, perché in questo esempio (banalissimo) è nascosta un'insidia molto comune: Interlocutore B potrebbe non essere davvero così preoccupato per il parcheggio. In linea di massima, a Interlocutore B non importa nulla né della dieta, né del ristorante proposto da Interlocutore A. Quello che Interlocutore B potrebbe star nascondendo[12] è la sua impossibilità a seguire la decisione di Interlocutore A, la difficoltà economica di spendere soldi per un pranzo in quel momento, le

---

[12] Ma c'è anche il caso che Interlocutore B sia davvero ansioso per la macchina, le relative spese, il traffico e il parcheggio e che guidare gli procuri molto stress. In tal caso, la dieta per lui non ha una priorità che superi la sua necessità di sicurezza sulla questione "automobile".

preferenze di gusto per cui vorrebbe fare altro. Per non destare questi sospetti, Interlocutore B sposta (in maniera più o meno consapevole e indiretta) il focus anziché dire chiaramente "non voglio venire a pranzare in quel posto".

Siate coscienti del fatto che qualcosa che vi sta particolarmente a cuore potrebbe non essere altrettanto importante per gli altri, e va benissimo così, non si deve condividere ogni interesse con i nostri cari. Imparate a proporre positivamente, se intuite che l'altro sposta il focus sull'argomento siate delicati e discreti e, per esempio, mettendovi nei panni di Interlocutore A, proponetevi di guidare voi e usare la vostra macchina e/o di offrire voi il pranzo... dopotutto, è a voi che interessa fare quell'esperienza.

Il rischio, in caso di perdita del focus, è di avere un inutile conflitto con la persona con cui state parlando quando basterebbe capire:

a) Come rimanere "concentrati" lì dove abbiamo bisogno: l'interlocutore non è per forza "non collaborativo" ma ha la sua vita, le sue esigenze e le sue priorità. Ciò detto, si può fare in modo che l'esperienza proposta, sia essa una vendita, una manovra dell'azienda, una vacanza o la situazione del ristorante di cui sopra, sia vista come vantaggiosa per noi (negarlo sarebbe ipocrita) ma anche per gli altri, con un sistema "win-win" dove vincono tutti.

b) Come vincere un'eventuale resistenza proponendo l'oggetto del focus in modo "non minaccioso" per l'interlocutore che tentenna. Abbiamo visto prima che tale resistenza può essere superata incentivando la proposta con elementi di incoraggiamento in cui è però necessario agire delicatamente.

c) Quando è necessario "arrendersi": l'interlocutore non è collaborativo e il focus non gli è interessa o ne è così poco informato che sarebbe una perdita di tempo insistere; provare a convincere qualcuno della bontà di un prodotto a base di arachidi, per esempio, sarebbe impossibile se la persona detesta con ogni fibra del suo palato le noccioline o se ne è allergico.

Chiarirsi le idee nel discorso formale e in quello informale

Non si può lasciare la comunicazione completamente al caso. Alle occasioni più importanti, come un esame, un concorso o un colloquio, andremo solo dopo esserci preparati a dovere; in caso di una riunione a lavoro, avremo bisogno di sapere con certezza cosa dire e come affrontare il discorso.

L'atto di programmare una conversazione è universalmente riconosciuto come necessario in campo professionale ed educativo, mentre tale gesto è visto come sleale, immorale e negativo in campo relazionale perché mancherebbe di spontaneità. La differenza, per la nostra cultura, è netta: le persone che si trovano nel cerchio degli affetti sono quelle a cui parlare "di cuore". Il problema è che spesso, quando si vuole parlare di getto di qualcosa, soprattutto se ci teniamo molto, rischiamo di usare dei termini in modo improprio, di fare confusione tra le affermazioni, di equivocare delle risposte... Non sto dicendo che si debba programmare ogni singola frase da dire in famiglia o quando si esce in compagnia di amici, ma piuttosto che è necessario avere una totale chiarezza di intenti e di preferenze e che si debba poterla esprimere proprio con le persone con cui siamo in confidenza. La diplomazia serve non solo nella vita professionale, ma anche nella comunicazione informale là dove abbiamo difficoltà e dove sentiamo che le nostre necessità non vengono considerate.

In realtà programmare il proprio intervento (o per lo meno, essere consapevoli che si debba conversare in maniera propositiva) eviterà di litigare inutilmente o di entrare generalmente in conflitto quando si riuscirà a spiegare in pochi termini quello che vogliamo.

Il focus attivo in tre parti

Si può creare artificialmente interesse nel proprio discorso ponendolo non come una dissertazione su ciò che è bene e su come sarebbe bello fare ciò che proponiamo, quanto piuttosto prendendo spunto dai grandi venditori nella maniera riportata dal personaggio interpretato da Leonardo di Caprio in "Wolf of Wall Street". "Vendimi questa penna" "Ok, mi fai una firma? Eccoti una penna". Il meccanismo può essere davvero così semplice. Una volta scoperta la necessità del nostro interlocutore, possiamo attirare la sua attenzione come segue.

- Creare il bisogno

- Dare una soluzione

- Farsi dare fiducia

Per creare il bisogno, certe volte, basta semplicemente indicare che un problema quotidiana può essere risolta facilmente e, per fare *captatio benevolentiae* a nostro vantaggio, suggerire la nostra soluzione, rendendola facilmente digeribile e assimilabile nella vita del nostro interlocutore. Avergli fornito una soluzione con un consiglio utile accrescerà la fiducia nei suoi confronti perché abbiamo mostrato interesse nell'aiutarlo e perché abbiamo creato una forma di piacere. Ascoltare una soluzione che risolva un problema in modo rapido ci può far sembrare complici e interessati agli occhi degli altri, perciò faremmo bene a prenderci carico della fiducia accordataci e non tradirla come nel film citato qui sopra!

Vediamo ora di fare un esempio pratico. Vogliamo migliorare l'ambiente di lavoro e abbiamo notato che il nuovo arrivato fatica a integrarsi. Qualcuno potrebbe proporre di portare la conoscenza a livello personale e invitarlo a condividere qualcosa della vita extra lavorativa, ma ciò potrebbe essere impossibile o sbagliato a seconda della professione, per non dire del rischio di sembrare invadenti o di essere fraintesi.

Può essere utile portare l'attenzione verso un certo focus, per esempio, interagendo in maniera quasi neutra ma amichevole, indicando una difficoltà generale di quel lavoro e proponendo di usare uno strumento che possiamo fornire spontaneamente; successivamente, possiamo incassare la fiducia della persona coinvolta. Può essere un software utile alla gestione di certi file, può essere un consiglio sulla comunicazione (e in questo libro puoi avere l'imbarazzo della scelta su cosa consigliare) o un oggetto materiale da maneggiare per aiutare in alcuni compiti. Tale meccanismo può essere reiterato con un datore di lavoro, come aggancio per fidelizzare un cliente, ma anche per rinsaldare un rapporto personale.

Essere a disposizione degli altri genera piacere, saranno più disposti a vedere il nostro punto di vista in quanto avremo creato un precedente.

Prendete nota

Prendete nota delle parole più usate dal vostro interlocutore. Questo è un consiglio pratico che mira a identificare l'idioletto verbale, ma anche a capire quali sono alcune inclinazioni psicologiche utili nell'interazione, soprattutto in previsione di successivi incontri.

Ovviamente non sempre possiamo utilizzare carta e penna o aprire un documento di testo sul computer per annotare quello che ci viene detto; in caso di una riunione o di un meeting con un cliente, possiamo avvalerci di supporti di scrittura, ma nella vita quotidiana dobbiamo impegnarci a "fare orecchio" e allenarci ad un ascolto attivo e compartecipato. Abbiamo già visto che è possibile isolare dei tipi di verbi per poter identificare alcune caratteristiche personali, altrettanto possiamo fare con le reiterazioni, più o meno, consapevoli del nostro interlocutore.

Da un elenco di particolarità nelle scelte del vocabolario altrui possiamo desumere:

- Il grado di capacità comunicativa, cioè quanto è ricco il suo vocabolario, quante volte invece fa delle ripetizioni, se usa in modo appropriato determinate espressioni o se non ha difficoltà a farsi capire in modo sintetico;

- Il grado di istruzione effettiva, ovvero quanto questi ha colto dalla sua istruzione o se invece è inferiore o superiore a quanto ci si aspetti;

- Le peculiarità regionali o provinciali che ci comunicano eventuali preferenze linguistiche e semantiche;

- Il tipo sensoriale (cinestetico, uditivo o visivo);

- Se è un tipo più logico (nomina spesso numeri, statistiche, percentuali, operazioni matematiche) o se invece ha più slanci poetici (usa metafore, un linguaggio forbito e un registro aulico);

- Il calore che esprime, se cioè è espansivo o riservato, se tende a dare confidenza o prende le distanze.

Chi ha delle passioni probabilmente infilerà nel discorso una metafora o un aneddoto personale che richiami il suo hobby: un appassionato di boxe, per esempio, parlerà di come "stare in guardia" contro un qualche imprevisto.

Più che "spiare" le intenzioni altrui, ti consiglio di provare una sana e genuina curiosità verso il modo di pensare degli altri e scoprire come questo differisca dal tuo, ma soprattutto quali punti in comune e quali ispirazioni puoi trarre per migliorare la tua comunicazione dentro e fuori quell'interazione precisa con quella persona.

Prendete l'iniziativa

Abbiamo detto che bisogna mantenere il focus, usare strumenti per mantenere viva l'attenzione, concentrarsi sull'obbiettivo. Ora vediamo di prendere in esame la possibilità di dover interagire da zero con qualcuno che vogliamo coinvolgere in una conversazione.

Prima di fare pratica con gli sconosciuti, sarà bene pensare a come predisporre un approccio "da zero".

Prendiamo in considerazione un incontro programmato. Le prime battute sono di solito cruciali per poter avviare un discorso sensato: è la famigerata "prima impressione" e non possiamo non cogliere l'occasione di creare un buon incipit.

Dopo le presentazioni o le strette di mano, ogni bravo oratore si sincera della buona disposizione d'animo e di corpo della persona con cui parlare. Le "small talk" possono essere pregne di indizi utili, per cui se qualcuno, magari in imbarazzo, ci fa notare "che freddo!" o "quanto piove" possiamo iniziare a dare un terreno comune di interazione. "È vero, ho dovuto mettere questa giacca" potresti dire, per poi parlare di un aneddoto divertente relativo a quell'indumento, o quel freddo tipico della zona di cui sono originari i tuoi genitori, o di quella volta… e dare una piccola storia curiosa che possa aprire alla curiosità nei tuoi confronti.

Sono le storie che connettono le persone.

E iniziare con una storia può essere un ottimo modo di rompere il ghiaccio.

Anche trovare una somiglianza con qualcuno che si conosce può essere un modo di avvicinare i due mondi personali di due persone che non si conoscono, o trovare un dettaglio familiare nel vestiario altrui, cercando di non sembrare invadenti o irrispettosi.

Prova a leggere i segnali non verbali della persona di fronte a te come insegnato nella seconda parte di questo libro e aggiungi annotazioni sulle sue preferenze circa i colori indossati, magari sono stati scelti in maniera non casuale, e vedi se questi segnali possono condizionare il tuo approccio.

Tempistiche e gradi di separazione del discorso e focus

Abbiamo iniziato un discorso, ci siamo fatti prendere la mano e da un dettaglio importante che avevamo a cuore rischiamo di perdere il ritmo e finire per parlare di attività secondarie anziché di ciò che ci serve. Attenzione, perché se tante volte in questo testo ti ho esortato a essere sintetico, a calibrare le frasi cardine in modo stringato e diretto, a desumere il cuore di una intera materia in una breve dichiarazione, è soprattutto perché **l'attenzione** umana ha un limite, solitamente con un picco che va dai **venti ai trenta minuti**.

Programma la chiacchierata informale ma con la quale introdurre un argomento a cui tieni o il meeting aziendale in modo da avere **un'ora** a disposizione, con dieci minuti di riscaldamento, venti o trenta minuti di concentrazione pura e poi gli ultimi dettagli per salutarsi di comune accordo con l'impegno di ritrovarsi.

Si può pilotare parte del discorso affinché l'attenzione torni su quello che vi preme discutere ed esaminare col vostro interlocutore o pubblico. Abbiamo diverse strategie da poter usare.

Il "chunking" è una tecnica che consente di prendere un dettaglio del discorso e portarlo per gradi di separazione in un'altra direzione. Allenati a trovare gli elementi e le parole comuni tra due diverse aree tematiche in modo da indirizzare dove ti è necessario il focus dell'interlocutore. Per esempio, vi state perdendo in una chiacchierata originariamente organizzata per discutere di un trasloco, ma vi state dilungando sui dettagli della cena. Il vostro amico ha voglia di pensare a mangiare, ma a voi serve una risposta su quell'incombenza. Provate a trovare il modo di parlare in sequenza breve di: cibo – cucina – mobili – trasloco. "Guarda, dopo anche io mi mangerò un chilo di patatine fritte. Nella cucina della casa nuova ho già pensato a dove mettere la friggitrice per non creare odori in casa. A proposito, sabato ce la fai a venire per le dieci con la macchina?"

In poche righe abbiamo allargato il discorso "cibo" a un concetto talmente più ampio da poter includere quello che ci era necessario ("chunking up"). Si può fare anche l'esatto contrario, ad esempio partendo da un dettaglio e finendo per parlare del quadro generale ("chunking down").

Un altro modo per di inserire analogie, che si prestano a diversi usi interpretativi da veicolare in una direzione precisa, è quello di usare i sensi. Si può far riferimento a cose come "L'odore di…" "Il colore come quello…" "Suona come…" "Un buon sapore…" e poi usare elementi metaforici o reali.

Mai abbandonarsi al lamento!

Ci sono diversi motivi per cui un leader o un oratore non dovrebbe mai lamentarsi.

Certo, la letteratura è satura di esempi che contraddicono quanto starei esprimendo in questo paragrafo, così come alcuni discorsi di natura politica, usano ampiamente la lamentela come meccanismo negativo che muove l'opinione in certe direzioni.

Il problema è che, se non abbiamo intenzione di avvelenare volontariamente il dibattito o di portare sull'orlo di una guerra una nazione, non abbiamo nessun motivo per usare un lamento costante (come faceva Catone col suo "Cartago delenda est", "Cartagine deve essere distrutta").

Chi si lamenta può essere riconosciuto come debole, e così saranno percepite anche le sue argomentazioni.

Ci sono addirittura studi di neuroscienza che sottolineano come il suono del pianto, del lamento continuo ma anche di un contenuto negativo abbiano una cattiva influenza sul nostro cervello, "annichilendo" alcune risorse interne alla mente e costringendo i percorsi neurali in centri più piccoli e meno comunicativi, inducendo quindi uno stato di agitazione, ansia e pessimismo caratterizzato da pensieri ossessivi e perdita di fiducia. Secondo alcuni (ma per ora è solo una teoria) tale "bug di sistema" del cervello serve ai neonati affinché salvaguardi il piccolo ancora indifeso e non autosufficiente.

Quando spiego questo fatto alle persone, soprattutto quando mi chiedono come migliorare la propria comunicazione, alcuni si stupiscono e sembra quasi si sentano colpevolizzati.

"E cosa dovrei fare, stare sempre zitto?" se l'alternativa è lamentarsi, è sempre preferibile stare in silenzio, perché gli effetti negativi sopra esposti riguardano anche chi si lamenta e non solo chi ascolta. Purtroppo, molte persone non sono capaci di prendersi la responsabilità di una cattiva condotta comunicativa e pensano che il lamento sia un sacrosanto diritto, ma non accettano di perdere l'interesse dell'audience. Stando a quello che dicevamo prima a proposito dei meccanismi narrativi in cui personaggi famosi spiegano le loro difficoltà, c'è da capire che nei loro discorsi tali oratori non si stanno "lamentando", al contrario: cercano un elemento emotivo comune e subito dopo arrivano a dare "le buone notizie", e cioè che dalla condizione che ci induce dolore possiamo uscire, e ne usciremo ancora meglio se non vi dedichiamo attenzioni negative come quelle di chi piange su sé stesso anziché trovare soluzioni.

Jack Ma, il famoso fondatore di Alibaba, ha spiegato che uno dei motivi del suo successo personale è stata l'osservazione attiva di grandi imprenditori presso cui ha studiato e lavorato, e ha notato che nessuno di questi si lamentava ma cercava, invece, una soluzione immediata. Inoltre, assicura il miliardario cinese, non si deve costruire un'azienda, ma una piattaforma che metta in comunicazione le persone in modo da soddisfarle laddove queste trovino motivi per cui lamentarsi. Se un intero gruppo si lamenta di qualcosa, ci dà l'opportunità di cogliere un'occasione per creare soddisfazione.

Facciamo quindi una distinzione tra la lamentela vista come opportunità di crescita e la lamentela fine a sé stessa, da abbandonare o da costringere a cambiare in "Cosa possiamo fare? Che alternative abbiamo? Cosa proponi?"

La moneta dell'interazione: tempo e fiducia

Come rilassare un interlocutore diffidente? Lo dicevamo nella prima parte di questo libro: ispirando fiducia. Questa è un'operazione che richiede pazienza, metodo e soprattutto calma. Attendete e fate in modo che la persona noti che stiamo spendendo del tempo per interagire con lei.

Come diceva Sean Penn in "This must be the place", **dare tempo lusinga le persone**, ma ciò non è valido solo per i corteggiamenti: sentirsi valutati crea sempre un canale preferenziale. Impariamo perciò anche che, quando diamo tempo, stiamo usando uno strumento oggettivo per poter sondare anche i nostri interlocutori. Per motivi legati all'educazione, una persona potrebbe non voler dedicare a sua volta il proprio tempo se non è interessata. Restando in campo sentimentale, il rifiuto è più sottile di quanto certe volte si creda, la persona infatuata di un'altra "nega" a sé stessa di aver visto questo primissimo segnale d'allarme, oppure non lo nota, con la conseguenza di aspettare, a scadenze più o meno regolari, che si palesi l'opportunità di incontrarsi, mentre l'altra accampa scuse sempre meno sentite.

Se avete avuto modo di offrire il vostro tempo e di mettervi a disposizione dell'altro, non ve la prendete se tale proposta (utile ad approfondire la conoscenza della vostra persona, del vostro servizio o del vostro prodotto) non viene accettata e se non siete ricambiati, perché nessuno è "obbligato" a dare a sua volta la propria disponibilità: vi stanno solo dicendo, nella maniera più discreta possibile, che non c'è interesse.

Tornando alle storie di successo, si passa prima per un certo numero di insuccessi e questi sono quelli che vi porteranno a essere esperti e capaci di gestire le situazioni da far fiorire, in campo professionale come in quello relazionale.

CONCLUSIONI

Lezione di una cantastorie

La storia di Sherazade, la mitica cantastorie, ci insegna che quando teniamo veramente a un obbiettivo (come ad esempio restare vivi, per la protagonista de "Le mille e una notte") ci ingegniamo affinché anche le parole ci servano da strumento, ancor più che le nostre azioni. La vera abilità di questo personaggio letterario non stava nella fantasia (dote che si può sempre allenare alla stregua della comunicazione persuasiva, ti avviso) ma nella sua sensibilità ai temi più interessanti per le orecchie dei suoi ascoltatori e nella capacità di tenere alta l'attenzione con l'uso di meccanismi narrativi e artifici retorici giusti, tutte cose che ora sono anche in tuo possesso: basterà allenarli.

Infatti, in questo testo, hai trovato tanti spunti, esercizi, riflessioni, nozioni eccetera… ma la cosa più importante che puoi fare ora è capire come queste novità entreranno a far parte della tua vita.

Non è un'illusione e non è una "moda" che hai scovato online, hai davvero trovato il modo di migliorare la tua capacità di essere carismatico, intuitivo e persuasivo.

Quello che ti posso dire è che non si può essere persuasivi "una tantum", una volta e basta. Se hai fatto un'esperienza di comunicazione persuasiva spontanea, usa quella sensazione vivida come ancoraggio per ritrovarti nella stessa disposizione d'animo e ritrova la sicurezza con cui controllare il respiro, il corpo, la mente e la parola. Tuttavia, sarebbe uno sforzo enorme se fatto casualmente poche volte e soltanto in caso di necessità. Gli atleti, così come i membri delle forze dell'ordine e i soccorritori, si addestrano continuamente affinchè i gesti che gli servono in caso di necessità diventino una seconda natura, perciò ti ho dato degli esercizi da fare. Non essere più "passivo", usa attivamente la tua lingua madre e trova i significati nascosti della comunicazione para verbale e non verbale delle persone che ti circondano.

Informati, sii curioso di capire come altri strumenti comunicativi potrebbero aiutarti nel tuo percorso, leggi tutto quello che ti capita su comunicazione, linguaggio, psicologia… vedrai che non sarà tempo perso.

Come ultimo consiglio, voglio dirti di non prendere alla lettera ogni parola scritta in questo testo, ma di adattare e di improvvisare con quello che hai a disposizione.

Gioca con il linguaggio, osserva come parli, correggi l'idioletto che non ti piace e porta le tue parole là dove vuoi con convinzione e consapevolezza.

Soprattutto, credi in te stesso ogni giorno un po' di più: è lo strumento più potente per essere persuasivi.

Se questa guida ti è stata di aiuto e ti ha dato degli spunti utili, ti invito ad usare il qr code di fianco così da lasciare una recensione positiva. 

Ti ringrazio per la tua attenzione e la tua cortesia.